超越倾听

解码早期教育中的幼儿心声

[英]艾莉森·克拉克 [挪]安妮·崔娜·克约尔特 [英]彼得·莫斯 主编

刘宇 译

BEYOND LISTENING: CHILDREN'S PERSPECTIVES ON EARLY CHILDHOOD SERVICES

湖南文艺出版社　博集天卷
·长沙·

只 为 优 质 阅 读

好
读
Goodreads

译者序

倾听儿童的理念在近几年的幼儿教育改革中非常引人瞩目。尽管2023年学前教育宣传月将"倾听儿童，相伴成长"作为主题，似乎是"倾听儿童"成为"爆款"的直接诱因，但事实上，倾听儿童的基因早已存在于进入21世纪后我国持续推进的幼儿教育改革中。无论是《幼儿园教育指导纲要（试行）》中的"幼儿园教育应尊重幼儿的人格和权利，尊重幼儿身心发展的规律和学习特点……关注个别差异，促进每个幼儿富有个性的发展"，还是《3—6岁儿童学习与发展指南》中要求"尊重幼儿发展的个体差异""理解幼儿的学习方式和特点"，其实都离不开倾听儿童。可以说，倾听儿童是尊重儿童的具体体现，是理解儿童的必经途径，是促进儿童发展的前提基础。因此，倾听儿童理念的火爆不过是深埋于新世纪学前教育改革的内在基因，是在改革生长发育到一定程度后自然而然的表达，甚至可以说是这一场改革走向成熟的象征，走向深入的标志。只是，无论是走向成熟也好，还是走向深入也罢，路注定不会平坦，甚至更险峻。所谓"入之愈深，其进愈难"，至于"其见愈奇"，那是要先体验种种"愈难"的折磨后才能享受到的福利。

倾听儿童之难，首先表现在理解上。倾听就字面意思而言，诉诸听觉，这使得人们在理解倾听儿童时，先想到的是倾听儿童通过口头语言表达出来的想法、需求。只是这样一来，倾听理念在学前儿童身上的落地就不可避免地会遇到障碍。学前儿童的语言正处在学习和发展的起步阶段，很难充分、准确地表达自身经验和想法中的幽微精细之处。这就好比英文的初学者，日常交流中的表情达意尚可，若要言说详细经过、心情感受、星辰大海、期望未来，脑中的语言存货就不免捉襟见肘，不敷使用。不过，这一理解方面的问题如今显然不复存在。大家已然清楚，"倾听"只是一个隐喻的说法，指的是主动地获取、接收信息，至于获取、接收信息的管道，不仅有听觉一途。再加上"儿童的一百种语言"的观念随着学前教育改革的推进早已深入人心，通过符合儿童交流方式特点的多元途径主动获取、接收儿童的经验、想法等方面的信息，这种对倾听的认识也便水到渠成，甚至日渐成为常识了。

理解之后，更重要的是行动，而行动又需要方法。这是倾听儿童所要面对的第二个难题。对倾听儿童理念的理解更新后，满足新理解所需的方法显然已大大超出观察、研究儿童的传统方法的范畴。特别是儿童"语言"的拓展，一方面给倾听儿童提供了更多扇门，另一方面也需要更多把开门的钥匙。放到"儿童的一百种语言"的背景下，以往打开儿童心门常用的谈话、观察、作品分析等方法，只能适用于一百种语言中的若干种，至于其他语言把守的大门，倘若没有一些新的方法、工具，人们仍不得入，仍无法窥见门后隐藏的儿童的秘密。不过这一问题随着马赛克方法的引入，也得到一定程度的解决。马赛克方法作为一种"喜新不厌旧"的儿童研究方法综合体，既保留了观察、倾听等传统研究方法，还针对儿童交流方式的多元性，纳入了儿童拍照、儿童导游、地图绘制、"魔毯"等新工具，并且预留"空白方块"，即使用者可以在把握马赛克方法核心精神的前提下自己根据需要开发新方法，从而最大程度地覆盖儿童表达方式的丰富性和倾听场景的多元性。这恐怕也是马赛克方法在倾听儿童理念大行其道的几年中备受关注、广受欢迎的原因之一。

理解更新了，新方法也有了，是不是意味着倾听儿童的理念就可以大行其道，静候佳音？实践表明，这样的预期显然过于乐观。近期有关"一对一倾听"引发的争议，以及马赛克方法运用当中出现的一些问题就提醒我们，倾听儿童的落地依然道阻且长。对于倾听的理解，只注意其途径的拓展是不够的；而对于马赛克方法，作为一种最初用于早期儿童研究，并且出生成长于域外不同教育生态的方法，如何在我国独特的学前教育现实土壤中扎根生长，开花结果，仍然是需要进一步探索的问题。对此，笔者曾结合近年来与一线幼儿园合作探索马赛克方法应用的实践反思，撰写小文做了些回应，提出运用马赛克方法不能照搬国外经验，并就参与式工具使用中的自主与指导，大班额条件下如何运用马赛克方法，使用马赛克方法搜集的资料如何"解读"等问题提供了操作建议，进而展望未来倾听儿童的进一步发展应注意"始于倾听，但不止于倾听"，即我们不仅要利用马赛克方法倾听理解儿童的经验和看法，还要在此基础上将倾听的成果融入课程，探索将倾听儿童"融入课程的一百种可能"。[1]

不过这样的回应在层出不穷的问题面前显得杯水车薪,对于倾听概念的理解如何超越倾听途径的拓宽?除了马赛克方法,倾听儿童还有没有其他方法?还有哪些方法?以及究竟如何将倾听儿童融入学前教育课程,依然悬而未决。正因为这些问题盘桓难去,所以当《超越倾听》一书的翻译任务摆在我面前时,已先后完成两本译作、下决心暂时不再接这类活儿的我,忍不住再度"入坑",因为,这"坑"里就有着求索上述问题的努力和答案。

《超越倾听》一书是围绕倾听儿童这一主题,汇聚多国作者,涉及广泛议题的一本文集。在第一章导言中,三位编者提及"有些出版商和学术界的圈内人对于编辑的文集持保留态度",但并没有说明这种保留态度主要针对的是什么。从我阅读、翻译的感受看,或许是因为它没有一个系统的体系和框架,内容显得比较"散",各章之间缺乏连贯性。然而这样的"散"换个角度看也是一种优点,即可以帮助我们更为便捷地、一次性地了解多个国家在倾听儿童方面拥有的不同背景、关注的不同议题以及开展的不同实践。关于文集中包含了哪些国家倾听儿童的背景、议题和实践,在编者们撰写的导言中有清晰的描述,读者诸君完全可以参照这些描述和书的目录按图索骥,各取所需。毕竟,读书是一件很私人的事。在浩如烟海

---

[1] 刘宇.始于倾听,但不止于倾听——马赛克方法运用中的问题与展望[J].教育家,2023(34):20—21。

的书籍中看过它一眼,然后拿起,翻开,买下,带回的你,最初究竟被它的什么所吸引,最终又被它的什么所启发,是完全无法预知,而且因人而异的。至于我本人,如果说最初是被书中可能包含的前述我基于对倾听儿童发展历程的简单观察和思考所引发的若干问题的答案所吸引,那么读、译之后,这本书在如下三个方面给予我很大启发。

第一,我们需要超越对于倾听内涵的单一理解。倾听不只是一种理解儿童的手段,也不只是儿童表达自身的渠道的拓展,而是有着更为丰富而深刻的内涵,甚至还包含风险。本书的作者们无论是否专门探讨倾听的内涵,都有从深层次上理解倾听,并在此基础上选择倾听方法,展开倾听实践的自觉意识,从而有效地减少了倾听行动的盲目性。在作者们看来,倾听是一种理念,一种责任,"一种促进儿童参与以形塑他们自己的生活和环境的方式","一种学习的原理和实践","一种文化或伦理,一种渗透在所有实践和关系中的存在和生活方式"。看起来表述不一,但其共通之处是都超越了对于倾听的单一理解,将其视为一种具有弥散性、民主性的精神、文化、理念和伦理。由此出发,或许就不难明白,我们对于倾听的一些呼吁和要求之所以会引发争议,正是因为缺乏丰饶理解的支撑,导致其中对于倾听的看法过于机械、僵硬和局限。

第二,我们需要超越对于倾听的新方法"迷思"。曾几何时,有关倾听儿童的探讨,最热门的话题就是方法问题。然而实践经验表明,尽管新颖的方法对于倾听儿童的确不可或缺,但也绝非成功倾听的充分条件。读者可以从本书中了解多样的倾听儿童的方法。除第三章中介绍的马赛克方法外，第四章的参与式观察和第五章的访谈都是相对较为传统的方法。当然，这些方法在用于倾听儿童时，和用于以往的儿童研究时有着很大的不同。譬如在论及参与式观察时，瓦明区分了强调观察的参与式观察和强调参与的参与式观察，前者类似传统的参与式观察，而后者则是带着倾听儿童目的的参与式观察，两者在所用感官、所获结果以及成人角色上均有所不同：前者主要使用眼睛和耳朵进行，后者则是"用所有感官去倾听"；通过前者获得的是对于儿童经验的感受，通过后者获得的是对于文化的感受；在前者当中，观察者彰显自身成人主导者身份，而在后者当中，观察者则需扮演"最少成人角色"。可见，只要能够把握好用法上的区别，并且和对倾听内涵的深入理解以及开展倾听的具体情境适配，传统的儿童研究方法也可以用于倾听儿童，完全不必迷信所谓新方法。而且，无论是传统方法，还是新方法，方法本身都不是倾听儿童得以成功的最终保障。倾听儿童成功与否，最终还要看使用方法的人的素养和能力。

第三，我们需要超越将倾听与学前教育实践结合的既有视野。"始于倾听，但不止于倾听"的观点，相信很多幼教同仁都会赞同。然而在具体如何将倾听与学前教育实践结合方面，我们在很多时候还停留在通过倾听理解儿童的兴趣、需要，再据以设计、调整课程上。而在本书介绍的案例中，不少已经远远超越了这一惯常思路，展现了更多可能。例如，在第六章由两位财富公园儿童中心的实践者介绍的，运用档案书作为倾听幼儿和家长的渠道的做法，便是一种颇为值得关注和学习的实践。所谓档案书就是一本简简单单的空白的书，书的内容则由儿童、家长和教师合作建构，描述儿童在家庭、儿童中心等的生活、兴趣、学习和发展。档案书与我们常用的成长档案的不同之处在于，不仅儿童在教育机构的生活学习会被纳入其中，他们在家庭中的日常生活、重大事件，也会被放入其中，从而把儿童散落各处的生活和成长经历聚合成为一幅更加完整的图景。借助这一图景，档案书提供了一个枢纽，把家长与教师、家庭与幼教机构、生活与课程、儿童与同伴，乃至幼教机构和小学，以及所有关心儿童成长并对其负有责任的人联系起来结成伙伴关系，共同托举儿童的学习和发展。这已经不仅仅是倾听儿童与幼儿园教育的结合，更是倾听与多元主体共同参与的"大"学前教育的结合。这一充满想象力又扎实有效的实践形式无疑超越了我们的既有视野，并激发我们去进一步拓展倾听儿童与学前教育实践结合的已有边界。

当然，在书中可以用于说明以上三个方面的案例还有不少，在这三个方面之外肯定还有其他可资探讨、借鉴之处，对倾听儿童感兴趣的读者朋友尽可以不被我的"导读"所局限，结合自身的需要和兴趣继续挖掘这一座倾听儿童的"宝库"。

最后，衷心感谢好读文化的编辑程斌在此书翻译、出版过程中给予的理解、支持和帮助。我们围绕此书的合作，始于他发给我的一封邮件，成于我打给他的一通电话，之后的联络就总是断断续续，言简意赅。如此简单的沟通，事情竟然也渐渐地完成了。这或许就是以书为媒所带来的一种神奇的力量吧。有了这一股神奇的力量，想必我们和即将展读此书的你们的距离也并不遥远！

序

有句众所周知的英国谚语：儿童应当被看见，而不是被听见。直到最近20年左右，无论在国家还是在国际层面，研究者和政策制定者群体看起来仍然在遵守这一准则。随着《儿童权利公约》（Convention on the Rights of the Child）的到来，在20世纪90年代出现了一种针对儿童的社会科学研究新范式，我们应该倾听儿童说些什么的理念逐渐获得了一些信任。不过与此同时，就如这本文集正确地指出的，对这样一种观点的接受仍然没有达到应有的广泛程度，这一观点也没有得到应得的批判性思考。因此，《超越倾听》一书开启了一系列辩论，这些辩论直到现在仍被掩盖在新近被唤起的对于儿童权利和童年研究的政治兴趣之下。

就如书名所示，《超越倾听》真正吸引我们注意的是，在提出有关儿童在政策行动和研究中的参与问题，或者在呼吁我们需要听见"儿童的声音"时，我们要超越那些可以如此轻易脱口而出的说辞。发出这样的号召，召唤的是其起点，而不是结论。因此，《超越倾听》清晰地指出，如果我们真正严肃对待倾听儿童的问题，就需要去解决哪些难题和有争议的议题。

因此，贯穿全书的核心主题，也是以大量不同的方式被反复探讨的主题，便是权力与方法的问题。原本公正、善良的人们尝试倾听儿童所言的方法背后，却有着变成社会控制的微妙工具，加深而非淡化儿童之间的不平等，并因此颇为讽刺地创造出儿童受支配的新路径的风险。这就是为什么我们必须超越简单的倾听，思考倾听意味着什么，我们怎样才能更有效地倾听，为儿童以及和儿童一起带来改变而不是保持现状。

这些问题是本书的核心。考虑到本书是围绕早期儿童展开的，无论是实证研究，还是专业实践的描述，都令人耳目一新。尽管政策制定者越来越能接受倾听年长儿童，甚至向他们学习他们对于自身事务的想法，但幼儿也应当说出自己的想法并得到倾听的理念，则代表了一个仍需克服的更大障碍。传统的儿童发展模式，转化成大众化的实践，并通过大众化的实践，持续支配着公众对于幼儿能做什么或能说什么的想象。这实际上经常意味着，儿童越年幼，赋予他们的观点和态度的重要性和信任度越少。通过关注更年幼的儿童，《超越倾听》挑战了这样的假设，并且确实让我们对于倾听的理解耳目一新。

不过，本书所做的不止于此。它认为我们必须学习用新的方式去倾听儿童，去学习儿童说话使用的新语言，或者可能更正确的说法是，重新学习对我们这些成人倾听者而言是崭新的童年的语言。这当然不是简单的任务，就如本书各种观点表明的，它需要我们——无论作为研究者还是实践者——学习新技能并应用所学。后面一点特别重要。我们需要做的不只是倾听。《超越倾听》的内容也包括如何为儿童提供更好的服务。据其建议，如果我们考虑儿童对于设计出来满足他们需求的服务有何看法，服务的质量就会提高。

《超越倾听》一书汇聚了来自全球范围，如挪威、丹麦、英国以及新西兰等地对于儿童服务的讨论，因而对当下社会政策、早期教育和童年社会学领域的辩论做出了及时而有力的贡献。希望它带来的洞见在传播早期儿童服务方面有关"最佳实践"的理念上能产生实际的效果，以便让不同社区的儿童都能享受更好的服务。

艾莉森·詹姆斯（Allison James）

英国谢菲尔德大学（University of Sheffield）社会学教授

致谢

我们要感谢那些让本书得以完成的儿童、实践者和家长,还要感谢托马斯·科拉姆研究所的米歇尔·凯奇(Michelle Cage),感谢她在组织作者研讨会及整理最后文本时提供的有力协助。

原著贡献者

玛格丽特·卡尔（Margaret Carr）是新西兰怀卡托大学（University of Waikato）教育学院的教育学教授。

艾莉森·克拉克（Alison Clark）是英国伦敦大学学院教育学院托马斯·科拉姆研究所的高级研究员。

瓦莱丽·德里斯科尔（Valerie Driscoll）是英国伦敦财富公园儿童中心（Fortune Park Children's Centre）的早期儿童专业教师。

布里特·约翰娜·艾德（Brit Johanne Eide）是挪威奥斯陆大学学院（Oslo University College）教育学院副教授。

卡洛琳·琼斯（Carolyn Jones）是新西兰怀卡托大学维尔夫·马尔科姆教育研究所（Wilf Malcolm Institute of Educational Research）的运营经理。

琳达·金妮（Linda Kinney）是苏格兰斯特灵议会区（Stirling Council）早期儿童和校外看护部门（Early Childhood and Out of School Care）的负责人。

安妮·崔娜·克约尔特（Anne Trine Kjørholt）是挪威科技大学（NTNU）挪威儿童研究中心（Norwegian Centre for Child Research）的副教授、主任。

温迪·李（Wendy Lee）是新西兰怀卡托大学教育学院的高级研究员，亦是以汉密尔顿市为基地并受新西兰教育部资助的早期儿童专业发展项目"教育领导力"的主任。

彼得·莫斯（Peter Moss）是英国伦敦大学学院教育学院托马斯·科拉姆研究所早期儿童服务专业的教授。

卡琳娜·里纳尔迪（Carlina Rinaldi）是意大利雷焦儿童（Reggio Children）的教学顾问，摩德纳·雷焦·艾米利亚大学的教育学教授，雷焦·艾米利亚市立婴幼儿中心及幼儿园的前负责人。

卡隆·拉奇（Caron Rudge）是英国伦敦财富公园儿童中心的负责人。

汉娜·瓦明（Hanne Warming）是丹麦罗斯基勒大学（University of Roskilde）的副教授。

妮娜·温格（Nina Winger）是挪威奥斯陆大学学院教育学院副教授。

目录 |contents|

1. 导言   001
2. 记录与评估及其关系   031
3. 看见的方式：运用马赛克方法倾听幼儿的看法   051
4. 参与式观察：一种了解儿童视角的方式   085
5. 从儿童的视点出发：认识论与伦理挑战   119
6. 倾听幼儿和家长的渠道   151
7. 小声音，大信息   185
8. 超越倾听：评估能成为其中一部分吗？   215
9. 有能力的儿童与"做自己的权利"：
   对儿童即公民伙伴的反思   253
10. 超越倾听：未来展望   291

1. 导言

彼得·莫斯、艾莉森·克拉克、安妮·崔娜·克约尔特如今的童年早期日益被机构化了。作为更广泛的历史进程的一部分，这影响了所有年龄段的儿童（Nasman，1994）。越来越多的儿童从年龄更小的时候开始，便把更多的时间用于接受某种形式的早期儿童服务。这种服务或来自某种类型的中心（托儿所、幼儿园、保育学校、游戏小组），或来自家庭日托。就像其他所有的重大社会变革一样，这既带来了新的可能，也产生了新的风险。它也赋予了出于各种原因把这种变革带给童年的成人新的责任。更完整地说，我们成人不仅需要去理解童年早期机构化带来的可能与风险，还需向那些在早期儿童服务机构中度过日常生活和大部分童年时光的儿童的经验和视角敞开心扉。简言之，我们需要去倾听。

这本书是关于倾听幼儿的，特别是他们对于他们所接受的早期儿童服务，以及在早期儿童服务机构中发生之事的看法（本书所说的"幼儿"指未达到接受学校义务教育年龄——在大部分国家是6岁左右——的儿童）。本书汇聚了该领域来自许多国家，包括丹麦、英国、意大利、新西兰、挪威等地的作者，共同分享他们的经验和理解，希望和关注。通过他们的作品，我们得以思考倾听幼儿的理念，不仅把倾听当作责任问题，还把它看作一种促进儿童参与以形塑他们自己的生活和环境的方式，看作一种学习的原理和实践。我们展现了实践者和研究者是如何找到创新性的途径去倾听幼儿的，并且在这一过程中，我们怀疑能否把实践者和研究者区分开来。

尽管我们在书中会看到倾听幼儿的不同方法，但本书并不是一本关于"如何倾听"的手册。我们确实会问"为何"和"如何"的问题，但是我们也会问其他问题。这些问题在我们和"倾听"的概念与实践之间形成一种忠诚而重要的关系时便会产生。有两个问题特别重要：一个是我们所说的"倾听"是什么意思；另一个是倾听是否有可能存在危险。寻求前一个问题的答案会带领我们超越把倾听看作听见某种形式的语言，也就是口头交流的狭隘观念，并让我们理解倾听包含关系、对话、解释和儿童的一百种语言等。后一个问题让人感到不舒服，但我们相信有必要一问。它让我们直面儿童与成人之间的权力关系，即便是最温和、最关心他人的成人也无法置身事外。

在这篇导言中进一步探讨这些问题之前，我们想要先把这一讨论置于它的历史背景中加以审视。如今人们为什么对于倾听儿童（无论年幼还是年长）的兴趣与日俱增？我们为何会大肆谈论倾听？

倾听缘何"火爆"?

无论其年龄大小,都要多倾听儿童,这一变化的动力来源于多个方面。其中,国际层面的推动力来自儿童权利的日益凸显。或者更准确地说,儿童的声音和参与已经逐步占据了儿童权利运动的中心,而在传统上,它关注的是儿童保护:"现代儿童权利运动的独特之处在于,它强调儿童的参与和视角,有大量相对较新的组织涌现去推动儿童的权利。"(Foley et al,2003,p109)克约尔特(2001)提醒我们,"儿童积极参与学习过程成为进步教育的核心主题久矣"(例如杜威和弗莱雷),但是参与话语近来却发生一个重大转变:"在最近15年间,强调儿童是社会和政治行动者,在不同层次的决策制定过程中持有特别的权利的观念已势不可当。"(pp67–68)

声音和参与变成主流话语,特别体现在《儿童权利公约》的第12、13条当中:

> 缔约国应确保有主见能力的儿童有权对影响到其本人的一切事项自由发表自己的意见,对儿童的意见应按照其年龄和成熟程度给以适当的看待……
>
> 儿童应有自由发表言论的权利;此项权利应包括通过口头、书面或印刷、艺术形式或儿童所选择的任何其他媒介,寻求、接受和传递各种信息和思想的自由,而不论国界。

参与权的理念和其他社会政治关注点，特别是有关公民权的议题已经相互交织在一起了（Roberts，2003），要求主流的组织和机构不能置身事外。作为这种权利和公民话语的一部分，许多政府已经开始寻求新的做法，推动无论年长还是年轻的人们作为公民参与到社区中去，这当中包括了在国家层面促进儿童参与的政策行动。由布里特·约翰娜·艾德和妮娜·温格撰写的第五章中提到一个例子，挪威的课程框架中要求幼儿园的工作人员在规划和评价他们的工作时，把儿童的观点考虑在内（Norwegian Ministry for Children and Family Affairs, 1996）。另一个例子是英国政府于2001年发布了"儿童和青少年参与的核心原则"（CYPU, 2001）。这些原则适用于所有政府部门和提供政府资助服务的所有机构。此外，儿童和青少年的参与也已成为英国众多国家行动和政策，例如社区新政、儿童基金会、儿童服务规划指南与联盟中的明确内容（Kirby et al, 2003）。

与儿童权利平行发展的，推动倾听儿童理念广泛普及的另一重驱动来自学术领域，至少是学术领域的某一部分，特别是社会学领域有关如何看待儿童转变的方面。一种新的童年社会学或童年研究已经在近年形成。从这一学科视角出发，儿童不再被看作"形成中的人"，而是"存在着的人"，他们的想法、生活方式、选择和关系本身就是有价值的（James and Prout, 1997）；研究的兴趣也从儿童在以后的生活中要成为什么样的人，转向他们此时此刻的童年。认识到儿童是有能力的，儿童可以被看作他们自身生活的专家

（Langsted，1994），这能够帮助成人反思他们对于儿童生活之理解的局限性（Tolfree and Woodhead，1999）。研究者对于儿童的视角越来越感兴趣，并致力于让儿童成为研究本身的积极参与者（Christensen and James，2000；Lewis and Lindsay，2000）。这种学术转向也为更大程度上的认识转变做出了贡献，这些认识转变包括儿童必须参与决策制定，儿童自身便构成了一个社会群体，以及儿童为社会做出了有价值的贡献（Kirby et al，2003）。

第三重驱动来自经济变革，强调消费者至上，以及选择、个人主义和消费者满意度等的价值。在这一背景下，"参与的儿童"的概念不仅源自权利运动和新的学术视角，而且来自消费主义话语，诸如"今天的儿童正日益被卷入经济市场，既作为消费者，也作为工作者"（Kjørholt，2001，p75）。儿童已经开始被看作产品（如服装、玩具）和服务的顾客和消费者。例如，在英格兰，早期儿童服务被称为"儿童照护"，其目标群体是正在工作的家长，它在政策角度被视为由消费者（父母）购买的个人商品。国家在其中的作用是规范市场，在所谓"市场失灵"之处（无法获得市场服务的贫困家庭和贫困地区）注入资金，并支持市场的发展（Cohen et al，2004）。在20世纪90年代后期，为实现后一目标而开展的名为"儿童看护审计"的政策行动中，人们希望把用户的看法，包括儿童对如何改善儿童照护服务的看法纳入进来。

这种发展也可以看作社会、经济和政治关系方面发生的隐蔽而重大转变的表现。从20世纪70年代后期开始，向新形式的或重新构建的自由主义（政治上先进的自由主义和经济上的新自由主义）的转向呼唤新型主体。就如安妮·崔娜·克约尔特在第九章中讨论的，这种新型主体是自主（意即独立而非依赖的）和自律的，灵活处事并能解决问题，已做好准备且有能力作为消费者参与市场，管理他们自身面对的风险，在个体责任与权利交织的网络中前行，把自我实现当作高于一切的价值。这种新型主体目前已经具备政治形态，包括基于阶层利益建立的群众政党，对代议制民主的信心已下滑，但同时，新的政治参与形式也已出现，包括新的社会运动和人权运动。权利、参与和赋权的话语为这些运动提供了政治背景，把许多社会群体重新定位为积极的主体而非消极的依赖者。这些社会群体中不仅包括儿童，还包括残疾人等。

幼儿的参与

迄今为止，倾听儿童的大部分工作关注的都是年龄较大的儿童和青少年。例如，近期对于英国在政策制定、计划、提供和评价各项服务方面涉及儿童和青少年的项目进行的回顾发现，最常见的年龄群体是12—16岁的儿童（Kirby et al, 2003）。另外一个例子来自挪威。20世纪90年代后期，一项对地方机构的参与式项目进行的调查发现，其中半数涉及儿童，但极少针对10岁以下儿童，更别说学龄前儿童了，60%面向的都是14岁及以上的儿童（Kjørholt, 2002）。

倾听幼儿的项目之所以较少，原因是多方面的。兰斯道

（Lansdowne，2004）指出，围绕《儿童权利公约》进行辩论的重要参与者当中，许多是非政府组织成员，他们面向的主要是较为年长的儿童。她进一步指出，幼儿的生活是由父母、其他看护者以及专业人员共同照看的，这些人往往很少主动参与有关儿童权利的辩论。而且，这些人对于这个最年幼的群体的关注，常常是如何促进他们的发展，而不是保障他们的权利。

这种儿童发展范式占据早期儿童政策、供给、实践和研究主导地位的情况，其影响还不止于此。它催生了某种不利于倾听的幼儿形象：他们还在成长，处在从不成熟的婴幼儿期到成熟的成人期之间的线性发展过程的开端。人们设想的是，伴随这一发展过程，倾听的价值（和可行性）才会相应地增强。而这一形象与权利、参与的自由主体，自主的公民以及主动、理性、精于算计的消费者形象都相去甚远。就如奥尼尔（O'Neill，1994）所言，儿童在自由理论中是缺席的，他们无法参与到此类契约的核心机制中去，因为这类机制是建立在独立个体之间的关系基础上的。

与此类似，某些语言，特别是口头和书面语言的支配地位，也使得那些将此类语言运用得更为熟练的人在倾听中获得了特权。里纳尔迪（Rinaldi，2005）将其与雷焦·艾米利亚的"儿童的一百种语言"（第二章会对此做进一步讨论）理论的发展联系起来，指出这种理论出自"更广泛的政治和文化辩论，例如这两种语言（口头的和书面的）是如何获得特殊地位的，又是如何以某种方式赋予特定的知识乃至特定的阶层以特权的"（p193）。倾听幼儿需要成人重新评价，重新学习口头、书面语言之外的语言，这要花费时间和精力，并且前提条件是成人有意愿成为语言多样性的支持者。简言之，这对那些成年后已经遗失童年时期的许多种语言的人来说是非常困难的。

然而，这种情况在发生变化。这本书提供了大量重要的、具有创新性的、来自诸多领域的倾听幼儿的案例。就如同在早期儿童工作的许多领域中一样，北欧国家在这方面处于领先地位，特别是丹麦（对于丹麦在该领域的文献的评论见 Warming，2003）。但如今在世界其他地区也能发现该领域的重要工作，包括意大利和一些英语国家。

这些有关倾听幼儿的工作明显覆盖了不同领域：包括学习（例如本书第二、七、八章）；改善生活中儿童和成人的沟通（见本书第六章）；研究儿童视角下的组织和组织生活（见本书第三、四、五章，以及 Langsted，1994；Miller，1997；Daycare Trust，1998；Dupree et al，2001）；以及给儿童机会参与决策，无论是关于日常生活还是和某些更大范围的机构改革相关（见本书第九章）。普劳特（Prout，2003）甚至用更为广博的视角看待最后这一最具政治意味的领域，他指出，"要听到儿童的声音，最重要的理由之一……（是）使儿童的利益在为儿童分配和争取资源的社会、政治过程中得以彰显"（pp6–7）。

不过，以这种方式区分倾听幼儿的领域有可能产生误导。此处和他处报告的和幼儿有关的工作未必独属于这些类型中的某一个。

例如，研究方法可能是在决策制定中应用，同时和学习、研究也是联系在一起的。

在我们看来，有关倾听的许多工作（也可能只是被贴上这类标签）在更为根本的层面上是由更广泛、更基本的早期儿童服务方法，或者更为一般性的关系和生活方式所引发的。在这些案例当中，倾听可以被理解为不仅仅是一种工具，还是一种文化或伦理，一种渗透在所有实践和关系中的存在和生活方式。朗施泰德（Langsted, 1994）在早先研究北欧儿童对幼儿园生活看法的开创性工作中指出了这一点。他指出，结构和程序很重要，但是：

……更重要的是文化氛围，它塑造了一个特定社会中成人所持有的儿童观。倾听儿童和儿童参与的愿望就源自这种文化氛围。然后这种愿望会带来能够保证儿童参与的结构和程序。（pp41-42）

卡琳娜·里纳尔迪（个人交流）也触及了同样的主题，她认为倾听不能仅限于特定的任务或程序，还是一种生活方式，她评论道：

……倾听不仅仅是一种技术和教学方法，还是一种在与他人和世界的关系中如何思考、看待我们自己的方式。倾听是一种用于连接的要素，是人类生物性的一部分，它就存在于生命本身的概念当中……（它）是一种权利，或者更恰当的说法是，它是人类本质的一部分。

汉娜·瓦明在本书第四章中认为倾听是一种"表达看法的民主精神"。沿着倾听作为文化或精神的线索继续思考,倾听已然被理解为"相遇伦理"的最显著特征(Dahlberg and Moss, 2005)。这种思考伦理关系的方式与伊曼纽尔·列维纳斯(Emmanuel Levinas)的思想有关。列维纳斯是一个定居法国的立陶宛犹太人,尽管他的贡献在20世纪80年代中期之前被大大忽略了,但时至今日他已被视为20世纪最伟大的法国哲学家之一(Critchley, 2001)。相遇伦理强调关系的重要性,尊重他者的他者性,反对试图把他者纳入同一当中。抓紧是列维纳斯在描述这种尝试时使用的生动术语,它表达的是当他者被抓紧,并通过运用认知主体预制的理解、概念和分类系统,将他者置于认知主体的整体系统中,从而减少他者的特殊性时所涉及的暴力。

达尔伯格和莫斯(2005)已经指出,相遇伦理提出了一种新的、极为不同的教育、学习理念和教学实践,因为"思考我们无法抓紧的他者是一个重大的转变,它对整个教学样态提出了挑战"(Dahlberg, 2003, p273)。倾听是这一教育理念的核心伦理与方法。雷丁(Readings, 1996)把这种教学实践的条件定义为"极其关注他者",而把教育本身定义为"引导思想的他者"或"倾听思想":

去倾听思想,在彼此身边思考,在我们自己身边思考,就是去探索一个开放的责任网络,这个网络把意义的问题敞开作为辩论场。公正地对待思想,倾听我们的对话者,意味着尝试听到那些无法言说却又想被听到的思想。这是一个和(甚至只是相对)稳定的、可交换的知识的生产无法并存的过程。(p165)

达尔伯格和莫斯(Dahlberg and Moss,2005)指出,把教育作为在相遇伦理基础上倾听思想的例子,能够在意大利北部城市雷焦·艾米利亚的市立幼儿园的教学理论和实践中找到。这里已经发展出了被雷焦教育者称为"倾听教育学"的教育模式,一种向他者的思想敞开,向意义的问题敞开的教育模式:

> 如果我们相信儿童拥有他们自己的理论、解释和问题,并且是知识建构过程的主角,那么在教育实践中最重要的动词就不再是"说""解释"或"传递"……而是"倾听"。倾听意味着向他者和他们之所言敞开,用我们的所有感官去倾听那一百种(乃至更多的)语言。(Rinaldi,2005,pp125-126)

有关倾听教育学,以及对作为其基础的"倾听"的理解,是本书第二章的主题。

雷焦并非倾听方面的孤例,在许多方面,它是一种文化或伦理的表达。在本书以及他处,还有着讲述倾听幼儿如何渗透在早期儿童服务生活方方面面的例子。倾听作为一种文化或伦理的意义也不限于这些服务的范畴。我们甚至可以说，倾听具有潜在的革命性，因为它挑战了整个生活图景和所有的人类关系。无论是雷丁，还是里纳尔迪，他们在前面所说的一切不能也不该局限于幼儿身上。

下面我们将以一段提醒来结束这一部分。就如本书表明的，在倾听幼儿方面已经做了很多创新性的工作。但到目前为止，这更多的是例外而非常态；就如同前面所言，有关倾听的大部分工作是面向年长儿童和青少年的。参与早期儿童服务的诸多组织和个人当中，对倾听之重要性的意识，以及开展倾听行动的能力的分布是参差不齐的。例如，一些专业刚刚开始接受这一理念；即便是在更熟悉这一理念的地方，理想和现实之间也仍然存在诸多差距。政策方面也充满矛盾：一方面要推动倾听，一方面又要求实践和结果标准化，这和把倾听作为一个向思想和差异开放的过程是相反的。例如，我们很难看出以这种方式理解的倾听和详细、预定的目标之间如何兼容，后者更类似于在抓紧儿童。

在早期儿童服务方面的许多研究中，倾听幼儿都没取得多大进步，特别是在英语国家，这类研究已经被发展心理学这一特定的学科视角垄断了。就如布洛赫（Bloch，1992）观察指出的，"（美国的）早期儿童教育者，如果不采用实证主义的传统，以及儿童发展或发展心理学理论来设计他们的研究或研究方法，他们就会发现他们在自己的领域被边缘化了。在这方面罕有例外"。这里我们看到的很多研究仍然是"对"幼儿的研究，而非"和"幼儿一起研究，当中对于儿童在早期儿童服务中的经验的判断是在标准化测量的基础上做出的,没有做任何尝试去倾听幼儿自身有何体验。考虑到美国的研究在全球范围的主导地位和影响力,本书没有收录美国的作品或许是最令人担忧的缺失,尽管这可能说明的是我们对于美国的情况缺乏了解,同时也缺少我们了解美国早期儿童研究文化时所用的跨大西洋的网络[不过我们确实了解到由威廉姆·科萨罗(William Corsaro)和薇薇安·佩利(Vivian Paley)所做的一些重要的相关工作,并在本书的许多章节中参考了他们的工作]。

"倾听"的含义

"倾听"是当下最为时髦的词之一。其他这类词还包括"质量""优质"。它们反复出现,仿佛无处不在。从银行家到政治家,每个人都希望别人感觉他们在倾听。但很少有人,或者至少看起来很少有人想要去思考倾听一词的含义是什么。人们使用"倾听"就好像它的含义和价值是不证自明、毫无争议的。

本书的几位作者提出了"倾听"的含义问题。特别是里纳尔迪在第二章中将其置于倾听教育学的背景下,深入、开放地探讨了倾听的概念及其意义。她把倾听理解为一种关联方式的组成部分,就如同朗施泰德把倾听看作更广泛的文化的组成部分,达尔伯格和莫斯把它看作一种伦理的组成部分一样。她突出了倾听的情感性和互惠性,解释和意义创造,对联结、差异、改变的开放性和敏感性,以及困惑和不确定的重要性。她还强调了倾听涉及诸多感官和语言:

"倾听我们用以表达我们自己、进行交流的成百上千种语言、符号和代码,通过这些语言、符号和代码,生命得以表达自身,并且同那些懂得如何倾听的人交流。"(见本书37页。)

对倾听含义的探讨可以进一步延伸到倾听与参与的关系。它们是一个概念,指同样的事情,抑或有不同含义?自由权利话语中的参与通常和影响变革及决策制定联系在一起。科比(Kirby et al, 2003)等总结指出,"重要的是,参与活动的进行有着特定的目的,即,使儿童能够影响决策制定,并能带动变革"(p30),兰斯道(Lansdowne, 2004)也认为,若想让儿童的参与有意义且有效,需要具备四个关键成分,包括"持续性的儿童表达过程,以及在关乎他们的不同层次的问题上积极参与决策制定"(p15)。

如果把倾听看作一种方法,把参与看作参与决策制定,那么倾听可以成为参与的组成部分。但二者之间也不是完全等同的。以这种方式理解的参与还需要超越倾听的条件和方法,比如投票权(例如,有关降低投票年龄的讨论)或实施制裁(例如,退出劳动市场或采取其他产业方面的行动);或者,举个更具体的例子,波兰儿童权利先锋雅努什·科扎克(Janusz Korczak)于两次世界大战之间的华沙,在他的孤儿院里建立了法院,并且由儿童担任法官(Halpérin, 2004)。不过,当把倾听定义为与他人关联的方式或伦理时,它也可能超越对于参与的这种理解。就如我们已经建议的,它不仅仅关乎决策制定,而且还延伸到了生活的方方面面。

如果对参与持一种非常不同的理解,即将其理解成把社区联结在一起的情感纽带，或对社区有一种归属感的话（Rinaldi, 2005），或许把倾听视为伦理与之最为适配。和把参与理解为参与决策制定相比，这种理解更大程度上是关系性的，而非个体化的；在更大程度上意味着"我想成为其中的一分子"，而非"我知道我拥有权利"。我们想要避免采用二元论的、非此即彼的方式看待倾听和参与：倾听既可以是一种方法，也可以是一种伦理；参与既可以是对与自己有关的事情施加影响，也可以是成为更大关系网的一部分。但与此同时，在成为自主的主体和成为社会参与者之间，在倾听作为自我表达和倾听作为互惠行动之间，也的确存在某些紧张关系。其中的一些紧张关系在第九章会进行探讨。

倾听的危险

法国社会思想家米歇尔·福柯曾指出，危险无处不在。他的这一说法让我们注意到，不可能存在中立的、价值无涉的关系和实践，个体不可能置身于权力关系之外提供无私的、温和的知识和态度：

> 在人类的关系中，无论是口头交流的关系……抑或爱恋关系，还是组织的或经济的关系，**权力总是存在了其中：我的意思是在关系当中，一个人总是希望去左右另一个人的行为。**
>
> （Foucault, 1987, p11；加粗为作者所加）

权力会给倾听带来何种风险呢？在这方面，后殖民主义研究，特别是对发展中国家和地区发展项目中参与式方法的批评，能够对倾听儿童领域有所启发。尽管有着相似的积极作用，但前者在讨论中受到更多批评。

第一方面的风险是，在没有考虑权力关系及其中的不平等的情况下歪曲了倾听的结果。例如，青睐儿童话语中精英儿童的语言，而听不到边缘群体的声音，结果导致实际上从倾听儿童中得到的是精英的视角，确认的是更有权力者的议程。而不平等可能就隐藏在表面一致的面具之下：

> 当只是把发声的机会"赋予""他人"，只是让"他们被给予机会发声"，而没有认识到或尝试去改变造成原初差异的不平等时，"给予发声机会"或"倾听"只会变成另一种殖民手段……允许不同的声音都能被听到并不是解决方案，因为它只会带来一种和谐的、多元主义的、不真实的幻象。（Cannella and Viruro，2004，pp146-147）

麦克诺顿（MacNaughton，2003）表达了她对在早期儿童服务中过于强调"儿童的声音"的关注。她认为这可能会把最无权的儿童置于不利地位，"而赋予有权儿童的声音和意义以优先权"（p179）。她指出了一些例子，包括"在男女同组的群体中，女孩可能会感觉压抑……（而）经历过种族主义的儿童可能会自尊心弱，并且相信他们的贡献会被群体忽略或抹杀"（MacNaughton，2003，p179）。在本书第四章中，瓦明也展现了倾听是如何赋权一些儿童，却令另一些儿童边缘化的。

关于能否排除权力关系的影响，达成平等参与的问题已经成为围绕哈贝马斯（Habermas）的沟通伦理概念发生的争论之一。沟通伦理意即公众对差异进行协商并达成一致，但这是建立在有可能存在一种使所有人都能平等参与讨论的规则基础上的假设，这种对于有可能创造出一个真正公平的环境的假设，就如同达成一致的愿望一样，都已经被质疑为纯属天方夜谭。例如，墨菲（Mouffe）就认为，哈贝马斯设想了一种井然有序的民主社会，没有排斥，没有敌对，但这样一来就无法捕捉到冲突的重要角色以及它在多元民主中的整合功能："严肃地对待多元主义要求我们放弃在理性上达成一致的美梦，这一美梦幻想着我们能从我们生命的人类形态中逃离。"（Mouffe，2000，p98）

第二方面的风险关注的是倾听可能成为巩固权力，而不是颠覆或抵制权力的手段。例如，倾听可以被用作一种政治或管理策略，用来讨好逢迎，或者为一些不受欢迎的做法赢得支持，或者为了隐藏权力的现实。在这种情况下，参与、赋权和倾听这类词语都变成了"掩藏对管理效率的关切"的策略（Cooke and Kothari，2001，p14）。这样一来，倾听（"我听到了你所说的"）就成了争议和冲突的替代品（而就如墨菲在上面提出的，争议和冲突可以被看作健康民主的标志），一种通过发泄怒气、一吐为快来减少压力的手段。

倾听也可能成为一种管理的工具,通过把人们的注意力集中在某些议题上,而从另一些议题上转移开,来帮助定义什么是能说的,什么是不能说的。这里的问题是,倾听被限定在什么范围内,没有说的和没有听到的又是什么。就如克约尔特在第九章中解释的,丹麦早期儿童中心的参与就经常被限定在群体环境中的个人选择上:儿童不能"选择参与代际关系,不能选择参与和学前儿童之外的年龄组群互动;他们不能参与工作,不能决定和他们的父母或哥哥姐姐一起参与活动"(见本书280页)。

第三方面的风险又把管理这一主题推向深入,即倾听可能会成为更有效地管制儿童的手段,只不过,这是在儿童中心和儿童权利的名义下进行的,是把儿童更经常地置于成人凝视之下的过程的一部分。倾听由此成为一种监管、坦白的技术,目的是了解和控制他者,通过管控灵魂来更有效地管理行为。费德勒(Fendler,2001)描述了福柯如何使用"'灵魂'一词指称人性中曾经被视为神圣不可侵犯的那些方面,而近来,这些方面已经被建构为心理和监管机构的对象……包括生而为人的那些最为内在、深刻的品性……(诸如)渴望、恐惧和快乐"(p123)。倾听能够提供一扇灵魂的窗口,通过这扇窗口让生而为人的那些最内在、深刻的品性可见、可闻,也因此更好管理,更好控制。

第四方面的风险也是第九章的主题:倾听和参与有可能变成把儿童打造成某种特定类型主体的手段。这种主体是先进的自由主义和新自由主义的标准主体,我们已经介绍过他们,他们是些自主的、精于算计的个人,对他们而言,自我实现是最高的价值追求。倾听不是唯一有助于打造理想的自由主义主体的技术。费德勒(Fendler,2001)已经指出,其他一些如今应用广泛的教学方法,如"完整儿童教育""发展适宜性实践",都有助于打造一种不仅自主,而且灵活、善于解决问题的主体。当倾听和一种相当狭隘的、基于权利的参与话语太过紧密地联系在一起,把重点放在个体及其权利、自主、自我实现上时,对我们而言,这种风险看起来是非常大的。

在第四章中提出了关于倾听的第五方面的风险,涉及的是"声音的真实性"。这种观点宣称存在着去情境化的现实,可以不借助中介从一个个体传递给另一个个体:其中最主要的技术挑战便是如何捕捉到这种客观现实("我听见你说的了")。这种宣称的问题在于,它否定了任何交流当中都存在解释性的因素,倾听者声称已经听到并捕捉到被倾听者真实的声音,这样一来便赋予了倾听者以权威性,却忽略了当中的权力关系。再进一步分析会发现,宣称声音真实性的问题在于没有认识到被倾听者的经验是如何在特定情境和话语中组构的,而这是一项复杂且仍在进展中的工作。

上述理由导致汉娜·瓦明在第四章中指出,"并不存在本质的或真实的儿童的视角,儿童视角必定是多元而变动的,是置于社会、文化、历史和自身经历的情境当中的。这种理论观点否定了真实的儿童声音的存在"(见本书91页)。这种观点不是要否定声音和倾听,而是承认声音的暂时性和倾听的复杂性,承认在这一过程中，倾听者是积极的参与者，在一种互惠性、情境化的关系中合作建构意义，而不是被动的接收者，被动接收着传递给他们的清晰、明确的信息。

总体而言，我们能发现这些风险的大多数都和晚期现代化的一种趋势有关，即试图通过儿童控制未来，而倾听则有可能变成旨在达成这一结果的技术的一部分。因此，就如普劳特（Prout，2000）指出的，我们正生活在这样一个时代，它既在一套由选择、自主和公民组成的话语中强调儿童的参与和声音，同时又通过日益强大的规范化、主体化技术更有力地管控儿童。在这种矛盾交织的情况下，"倾听"永远不可能是中立的，而是既可能出现在意在规训的项目中，也可能出现在旨在解放的项目中。

说倾听存在危险并不意味着要放弃倾听，这就如同把婴儿和洗澡水一起倒掉。它的意思是要在实施倾听的时候做好准备去识别其中的风险。想通过某种方式置身权力之外，从而免除权力的干扰，逃脱权力关系的束缚是不可能的。这意味着要通过批判性思考倾听的意义、过程和结果意识到权力的存在。罗斯（Rose，1999）对于批判性思考做了如下描述：

……（批判性思考）一定程度上就是采取批判的态度对待那些我们现存经验中的，好像是永恒、自然、毫无疑问的事物。反对自己时代的准则，反对自己时代的精神，反对公认的智慧潮流。它就是要把某种尴尬引入我们的经验当中，打断编码了

那些经验的流畅叙述，让它们变得结结巴巴。（p20）

我们如何进行倾听是一种伦理的实践，也是其中重要的组成部分，并且是本书中包括第五、六章在内的几个章节要探讨的主题。

为何要"超越倾听"？

在为本书选择这样一个题目时，我们想要表明对于"倾听"概念的矛盾心情以及我们想要追求的某个目标。一方面，我们感到"倾听"处于危险之中，正在变成一个空洞的概念，一种陈词滥调，它应用广泛，但对它的意义、过程、可能和风险却又没有予以充分考虑，它正在成为另一个十全十美的术语，没人能够拒绝它，很大程度上是因为没有人真正知道它意味着什么。另一方面，我们发现它又是一个能够并且已经吸纳了丰富的含义，激发了惊人的工作的术语，一个有可能让早期儿童服务走入伦理和政治实践中心的术语（Dahlberg and Moss，2005）。

我们想要追求的目标是提出一种有关倾听的新话语，就如我们已经说过的，这种新话语超越了狭隘、简化的倾听观念，即把倾听仅仅看作听到某种形式的语言，如口头语言，或者把倾听当作提高用户满意度或改进管理表现的手段。超越这种观念能够把我们带到更为复杂也更有希望的地方，在那里，倾听被理解为一种教学和一种研究生活的方式，一种文化或伦理，一种连续的过程和关系。这提出了为何倾听的问题。只是为了听到某种语言，可能还有对其加以解释，或者不止于此？如果我们把倾听看作与儿童之间建立起的民主、尊重之关系的重要组成部分，它有没有可能通过激励成人去质疑，去冒不确定性的风险，去思考（第四、五、八章），从而在学习方法（第二章）、政策制定（第七章）、评估（第八章）等方面导向真正激进的变革？

本书其余部分

接下来的各章从卡琳娜·里纳尔迪的作品开始。她曾是意大利北部城市雷焦·艾米利亚的市立婴幼儿中心及幼儿园的教学主任，她的理论和实践得到了世界范围内的关注和赞赏。这一章的核心是"关系与倾听教育学"的理论和实践，探索了这种教学法以及它和对于倾听的某种特定理解之间的关系。我们把这一章作为第一章是因为它提供了一个理论和概念框架把后续各章串联起来，并且它也和我们一样，强调了对于倾听的意义进行开放性讨论的重要性。

接下来的三章是来自研究者的描述，包括来自英国的艾莉森·克拉克，来自丹麦的汉娜·瓦明以及来自挪威的布里特·约翰娜·艾德和妮娜·温格，讲述了如何倾听幼儿以及在研究中所面临的一些问题，包括其在做研究时遇到的伦理方面的问题和反思。这几章还介绍了大量在研究中倾听幼儿所采用的不同方法，这些方法对于实践者的工作也能有所贡献。

后续三章的作者包括来自英国的瓦莱丽·德里斯科尔和卡隆·拉奇，来自苏格兰的琳达·金妮以及来自新西兰的玛格丽特·卡尔、卡洛琳·琼斯和温迪·李，他们分别呈现了在早期儿童中心、地方政府以及国家层面的评估开发实践中如何倾听幼儿的经验。就像在前面那组有关"研究"的章节一样，这些章节也融合了对于方法及其应用的讨论。到了本书的这个部分，读者已经可以断定，"研究"和"实践"之间的区分即便不是完全多余的，也是模糊的，其间存在大量实际的和可能的跨界。

倒数第二章的作者是来自挪威的安妮·崔娜·克约尔特，她用文本分析方法对20世纪90年代的一项丹麦研究项目（"儿童即公民伙伴"）的两份文本进行了研究，并对参与和倾听提出批评，特别是有关这些主题的话语是如何从特定的意识形态和道德背景中产生的，以及这些话语是如何被赋予特定价值观的。这表明如果不加以批判审视，我们上面讨论过的一些风险因素，特别是参与和倾听会以某种方式把儿童建构为一种特定的主体，此处指自主、自决的后现代主体，这样的风险的确存在。随后，我们用反思，特别是对于倾听的两种理念——权利话语和关系伦理的反思结束了本书。

在读者们继续阅读这本书的主要章节前，我们想再做两点关于合作写作和语言方面的说明。有些出版商和学术界的圈内人对于编辑的文集持保留态度。尽管这种保留态度有它的道理，但我们认为如果这类出版物代表的是真正的合作和对话，如果它们是倾听他人并且向他人敞开的成果，那么就有巨大而独特的价值。在准备这本文集的时候，大多数作者都能够见面两天来讨论作品，虽说那时仍然是以草稿的形式。事实证明那是一个令人兴奋、友善的场合，也是一个对话和倾听的机会。如果能再开一次会议，所有作者都参加，那就更理想了。

本书是以英语写成的，但对我们一半的作者而言，英语并不是其第一语言。即使这些作者的英语都非常好，而且作品都已经过编辑，但以英语为第一语言的读者还是不要太想当然。使用另外一种语言写作不仅困难，而且还要冒着在翻译过程中失掉原初语言中的重要意义的风险。在翻译的过程中，英语会控制另一种语言并尝试使它变得趋同：多样性和他者性便在这一过程中慢慢消失了。在英语越来越占据霸权地位的情况下，重要的是要认识到风险也会通过这种权力关系的浮现而传递，真实的、重要的文化差异可能会就此隐身。出于这一原因，我们没有翻译某些术语，而是鼓励作者使用其自己的语言，不要想方设法把它们翻译成会在翻译过程中失去意义的话。我们也希望非英语词语的出现能成为对读者持续不断的提醒，让读者意识到相比于其他作者，有些作者的声音是以更为间接的方式传播的。

语言还可以被看作更广泛的文化多样性的一部分。政策、服务和实践总是扎根于国家文化，有时还会扎根于更为地方性的文化当中，这些文化有着它们自己的历史、传统、价值、思维和关联方式以及语言形式（不只是口头语言）。每位作者都不仅从个人的视角，而且从特定文化的视角出发看待倾听这一主题，赋予诸如"倾听""参与"或"权利"这些术语以特定的意义和表达形式。尽管我们希望这本书把内容"说给"来自众多国家和背景的人们，但我们也认识到读者会借助解释的过程来"倾听"我们的作者，而被倾听的作者们也正在不同的背景中从不同的立场出发来进行阐述。

参考文献

Bloch, M. (1992) 'Critical perspectives on the historical relationship between child development and early childhood education research', in S. Kessler and B. Swadener (eds) *Reconceptualising the early childhood curriculum*, New York, NY: Teachers College Press, pp 3-20.

Cannella, G. and Viruro, R. (2004) *Childhood and (post) colonization: Power, education and contemporary practice*, London: Routledge.

Christensen, P. and James, A. (eds) (2000) *Research with children*, London: Falmer Press.

Cohen, B., Moss, P., Petrie, P. and Wallace, J. (2004). *A New Deal for children? Reforming education and care in England, Scotland and Sweden*, Bristol: The Policy Press.

Cooke, B. and Kothari, U. (eds) (2001) *Participation: The new tyranny?*, London: Zed Books.

Critchley, S. (2001) *Continental philosophy: A very short introduction*, Oxford: Oxford University Press.

CYPU (Children and Young Persons Unit) (2001) 'Core principles of participation for children and young people' (available at www.cypu.gov.uk/corporate/participation/coreprinciples.cfm).

Dahlberg, G. (2003) 'Pedagogy as a loci of an ethics of an encounter', in M. Bloch, K. Holmlund, I. Moqvist and T. Popkewitz (eds) *Governing children, families and education: Restructuring the welfare state*, New York, NY: Palgrave Macmillan, pp 261-86.

Dahlberg, G. and Moss, P. (2005) *Ethics and politics in early childhood education*, London: Routledge.

Daycare Trust (1998) *Listening to children: Young children's views on childcare, A guide for parents*, London: Daycare Trust.

Dupree, E., Bertram, T. and Pascal, C. (2001) 'Listening to children's perspectives on their early childhood settings', Paper presented at the 11th European Early Childhood Education Research Association Conference, Alkmaar (Netherlands), 29 August-1 September.

Fendler, L. (2001) 'Educating flexible souls', in K. Hultqvist and G. Dahlberg (eds) *Governing the child in the new millennium*, London: Routledge, pp 119-42.

Foley, P., Roche, J., Parton, N. and Tucker, S. (2003) 'Contradictory and convergent trends in law and policy affecting children in England', in C. Hallett and A. Prout (eds) *Hearing the voices of children: Social policy for a new century*, London: RoutledgeFalmer, pp 106-20.

Foucault, M. (1987) 'The ethic of care for the self as a practice of freedom', in J. Bernauer and D. Rasmussen (eds) *The final Foucault*, Cambridge, MA: MIT Press, pp 1-20.

Halpérin, D. (2004) 'Focus on Janusz Korczak: educator, poet and humanist', *Children in Europe*, no 7, pp 26-7.

James, A. and Prout, A. (1997) *Constructing and reconstructing childhood* (2nd edn), London: Falmer.

Kirby, P., Lanyon, C., Cronin, K. and Sinclair, R. (2003) *Building a culture of participation*, London: National Children's Bureau.

Kjørholt, A.T. (2001) '"The participating child": a vital pillar in this century?', *Nordisk Pedagogik*, vol 21, pp 65-81.

Kjørholt, A.T. (2002) 'Small is powerful: discourses on "children and participation" in Norway', *Childhood*, vol 9, no 1, pp 63-82.

Langsted, O. (1994) 'Looking at quality from the child's perspective', in P. Moss and A. Pence (eds) *Valuing quality in early childhood services: New approaches to defining quality*, London: Paul Chapman Publishing, pp 28-42.

Lansdowne, G. (2004) 'Participation and young children', *Early Childhood Matters*, November, No 103, pp 4-14.

Lewis, A. and Lindsay, G. (eds) (2000) *Researching children's perspectives*, Buckingham: Open University Press.

MacNaughton, G. (2003) *Shaping early childhood: Learners,*

curriculum and contexts, Maidenhead: Open University Press.

Miller, J. (1997) *Never too young*, London: National Early Years Network.

Mouffe, C. (2000) *The democratic paradox*, London: Verso.

Nasman, E. (1994) 'Individualisation and institutionalisation of children', in J. Qvortrup, M. Bardy, S. Sgritta and H. Wintersberger (eds) *Childhood matters: Social theory, practice and politics*, Aldershot: Avebury, pp 165-88.

Norwegian Ministry for Children and Family Affairs (1996) *Framework plan for day care institutions: A brief presentation*, Oslo: Norwegian Ministry for Children and Family Affairs.

O'Neill, J. (1994) *The missing child in liberal theory*, Toronto, Canada: University of Toronto Press.

Prout, A. (2000) 'Children's participation: control and self-realisation in British late modernity', *Children & Society*, vol 14, pp 304-31.

Prout, A. (2003) 'Participation, policy and the changing conditions of childhood', in C. Hallett and A. Prout (eds) *Hearing the voices of children: Social policy for a new century*, London: RoutledgeFalmer, pp 11-25.

Readings, B. (1996) *The university in ruins*, Cambridge, MA: Harvard University Press.

Rinaldi, C. (2005) *In dialogue with Reggio Emilia*, London: Routledge.

Roberts, H. (2003) 'Children's participation in policy matters', in C. Hallett and A. Prout (eds) *Hearing the voices of children: Social policy for a new century*, London: RoutledgeFalmer, pp 26-37.

Rose, N. (1999) *Powers of freedom: Reframing political thought*, Cambridge: Cambridge University Press.

Tolfree, D. and Woodhead, M. (1999) 'Tapping a key resource', *Early Childhood Matters*, no 91, pp 19-23.

Warming, H. (2003) 'Danish literature review on listening to young children', in A. Clark, S. McQuail and P. Moss (eds) *Exploring the field of listening to and consulting with young children*, Research Report 445, London: DfES, pp 62-80.

2. 记录与评估及其关系[1]

卡琳娜·里纳尔迪

---

[1] 本章最初发表于 Giudici, C. and Krechevsky, M. (eds) (2001) *Making learning visible: Children as individual and group learners*, Cambridge, MA: Project Zero and Reggio Emilia: Reggio Children。前两页略加编辑。

雷焦·艾米利亚是位于意大利北部艾米利亚-罗马涅大区的一座有着15万人口的城市，是欧洲最富庶的地区之一。这是一座古老且规模适中的城市，其人口在近年来随着来自世界各地移民的涌入而持续增长。早期儿童领域的人们谈论的雷焦，首先指的是一个幼儿中心网络，其中有些面向几个月大到3岁的儿童（asili nido），另一些面向3—6岁的儿童（scuole dell'infanzia）。在雷焦，他们把这些幼儿中心叫作市立学校，因为该网络是由市政当局建立和支持的——它是一个强有力而民主的地方政府的产物。自从第一所市立学校于1963年开办以来，这一服务网络已经持续成长、创新、变革逾40年。

最重要的是，雷焦是渗透着文化价值观的教育思想和实践的摇篮，这把早期儿童中心带入了更广阔的社会和政治领域。儿童的形象极其重要，而雷焦选择持有的是丰富的儿童的形象，是拥有权利和不凡潜能的积极主体，而且生而具有一百种语言。雷焦还选择了一种对知识和学习很特别的理解：知识即意义的建构；学习则是基于关系（实际上是合作建构）和倾听的建构过程——"关系与倾听教育学"——这一过程又通过教学记录的过程得以显现并得到支持。通过教学记录，学习的过程可以被分享、讨论、反思和解释，不仅是教育者，还有儿童、家长和其他任何想对此获得更深入理解的人。

本章由雷焦市立学校的前教学主任撰写，探讨了雷焦对于倾听概念的理解和运用，以及其与教学记录过程之间的关系。

记录作为一个搜集文件用于展现事实真相或证实某一主题的概念，在历史上和科学思想的诞生、演进有关，也和知识即客观的、可证明的实体的概念相连。如此一来，它就和某个特定的历史时期，以及某些文化、历史和政治方面的深刻原因关联起来。不过在这里我不打算对此做进一步探讨。相反，我发现强调一下记录概念如何经过实质性的调整并且部分地改变了其定义会很有趣，而这一概念只是近来才被引入学校当中，更具体地说是引进到教育教学领域。在此背景下，对于记录的解释和运用，是因为它作为一种回忆工具的价值，同时也提供了反思的可能。从这个角度看，使用口头、图表和文本工具，以及在学校普遍运用的视听技术，对与教育活动有关的数据进行深度记录，可以让教育的路径变得具体可见。

当以这种方式使用记录时，我想要特别强调使用方式的如下方面：材料是在经验的过程中搜集的，但是在结束时加以解读和解释的。因此，记忆的解读和回忆是在事实发生之后。把记录（包括视频、音频记录，手写笔记）搜集起来，有时还会分类，然后倒回去对经验进行重新解读、重新建构。将发生的经验以记录的方式进行重构、解释和再解释，见证了教师预先确定的学习路径上的某些重要时刻，正是这些路径使得那些经验的目标有可能达成。简言之，根据这种理论方法和教学实践，记录（记录下的轨迹）是在过程结束后运用，而不是在过程当中运用。这些记录（以及它们在教师、儿童那里引发的反思和解释）不会干扰学习路径和学习过程，不会给学习过程赋予意义和指点方向。这是雷焦·艾米利亚的记录方法与其他记录方法的根本不同。

在雷焦·艾米利亚，我们已经探索这种方法多年，我们强调记录是引发学习、调整学与教关系这一过程的有机组成部分。要进一步阐明我的意思，就需要先说明许多假设。这些假设最初看起来可能离题万里，但它们有助于理解——或者我希望有助于理解我们的选择和实践既不是随机的，也不是没有价值的。事实上，我相信记录是我们的独特目标的重要组成部分。这一目标一直是我们的经验的主要特点：探寻意义，去发现学校的意义，或者说去建构学校的意义，把学校作为在儿童探寻意义以及我们自身探寻意义（并共享意义）的过程中扮演积极角色的一个地方。

在这个意义上，我们作为教育者应当问自己的首要问题是，我们怎样才能帮助儿童找到他们所做的、所面对的、所经历的一切的意义所在？我们又怎样才能为自己找到这一切的意义？这些都是关于意义和寻求意义的问题（为何？如何？是何？）。我认为这些是儿童无论是在校内还是在校外，都在不断问自己的关键问题。

这是一场非常困难的探寻，是一项困难的任务，特别是对儿童来说，他们如今的日常生活中有着如此之多的参照系：他们的家庭经验、电视、他们在家庭和学校之外不断扩增的社会场所。这项任务涉及建立联结，赋予这些事件、这些在各种各样的经历中汇聚在一起的片段以意义。儿童顽强而努力地进行探寻，有时会犯错，但他们的确在靠他们自己的力量探寻着。没有意义，我们无法生活，那会排除掉所有的身份感、所有的希望、所有的未来。儿童懂得这一点，所以在生命的最初他们就开始探寻。无论是作为人类种族的年幼成员，作为个体，还是作为人，他们都懂得这一点。对生活的意义和生活中自我的意义的探寻，对儿童而言是与生俱来的，是儿童渴望了解的。这就是为什么我们认为儿童是有能力的、强大的。儿童有权去希望，有权受到重视，而不是作为被预先规定好的孩子，被看成脆弱的、贫乏的、无能的。我们思考和理解儿童的方式完全不同，我们把儿童看作积极的主体，和我们一起去探索，去日复一日地尝试，尝试理解事物，发现意义，品味每一段生活。

对我们而言，这些意义，这些解释性理论在揭示儿童如何思考、提问、解释现实，以及他们自己和现实、和我们的关系方面是极其重要和有力的。

关系与倾听教育学就起源于此，它是把雷焦·艾米利亚的教育学与一般教育方法区别开来的隐喻之一。

理解的意思是能够发展一种解释性的理论，一种能够赋予世界上的事件、物件以意义的叙述,这一点无论对成人,还是对儿童来说都是一样的。我们的理论是暂时的,它们提供了一个可以持续修订的令人满意的解释,但是这代表的不仅仅是一个想法或一组想法。它们必须让我们愉悦,令我们信服,有用,并且满足我们理智、情感和美感的需要(一种知识的美学)。在表征世界方面,我们的理论也在表征着我们。

而且,如果可能的话,我们的理论也必须让他人愉悦,对他人有吸引力。我们的理论需要被他人倾听。向他人表达我们的理论使得本质上并非我们的世界转变为共享的东西。共享的理论是对于不确定性的回应。

这就是为什么任何理论,从最简单的到最精炼的,都需要被表达,被交流,然后被倾听,才能存在下去。正是在这上面,我们认识到了倾听教育学的价值和基础。

倾听教育学

我们要怎么定义倾听这一术语呢?

倾听是对连接模式的敏感性,是对把我们和他人连接起来的模式的敏感性;倾听就是要放弃我们自己,转而相信我们的理解、我们自身的存在都只是把整个宇宙维系在一起的更广泛、更完整的知识的一小部分。

倾听作为一个隐喻,意味着我们拥有开放性和敏感性去倾听和被倾听,不只用我们的耳朵,还用我们所有的感官(视觉、触觉、嗅觉、味觉、方向感）去倾听。

倾听我们用以表达我们自己、进行交流的成百上千种语言、符号和代码，通过这些语言、符号和代码，生命得以表达自身，并且同那些懂得如何倾听的人交流。

倾听是时间，即倾听的时间，这是一种处在时间序列之外的时间，它充满沉默、长时间的停顿，是一种内心的时间。内心的倾听，倾听我们自己，是一种停顿、停止，是一种能够推动我们去倾听他人，反过来又为他人对我们的倾听所推动的要素。在倾听的行动背后，常常有一种好奇、一种渴望、一种疑惑、一种趣味。总有一种情感在其中。

倾听是一种情感，它由情感所产生，又激发新的情感。他人的情感影响我们的过程是强烈而直接的，没有中介，而是内在于交流主体之间的互动当中。

倾听对于差异持欢迎和开放的态度，它认可他人的观点和解释的价值。

倾听是一个主动的动词，包含解释，赋予信息以意义以及承认提供信息者的价值。

倾听不是给出答案，而是提出问题。倾听是由于困惑、不确定而产生的，但这不意味着缺乏安全感，相反，只有当我们意识到每一个真理都有它的局限，都可能被证伪时才会有真正的安全感。

倾听不易。它需要深刻的意识，同时需要我们暂停判断，特别是我们的偏见；需要对变化持开放态度。它要求我们清晰地意识到未知的价值，并且能够去克服当我们的笃定遭到质疑时所经历的空虚感和不安全感。

倾听把个人带出名不见经传的状态，它让我们的存在具备了正当性，让我们能够被他人看见，从而既充实了那些倾听的人，也充实了那些提供信息的人（孩子们是无法忍受寂寂无闻状态的）。

倾听是任何学习关系的前提。学习是由学习主体决定的，通过行动和反思在人的头脑中成形，然后再通过表征和交流变成知识技能。

因此，倾听即"倾听情境"，人们在其中学习倾听和叙述，个体在其中会感觉有资格去表征他们的理论，对具体的问题提出自己的解释。在表征理论时，我们对它们予以"重新认识"或"重新认可"，让我们的形象和直觉通过行动、情感、表达、图像以及符号的表征（"一百种语言"）得以成形、发展。

理解和意识是通过分享和对话产生的。我们在头脑中表征世界，这种表征是我们对于头脑中和他人的表征中的那些解释世界的方式保持敏感的成果。正是在这里，我们对于倾听的敏感性凸显出来；从这种敏感性出发，我们形成并交流着我们对于世界的表征，不仅仅是在我们自己如何回应事件（自我建构）的基础上，还在我们从与他人沟通交流中了解到的世界的基础上。

这种转换能力（从一种智能转换为另一种智能，从一种语言转换为另一种语言）不仅是个人头脑中的一种潜能，也包含跨越许多头脑（在其间互动）转换的趋势。正是由于欢迎他人的表征和理论，即倾听他人并向他人开放这一倾向，我们才得以丰富我们的知识和主体性。

倾听和相互期望的能力是头脑和智能的一种品质，它使交流和对话成为可能，特别是在幼儿当中。这是一种要求得到理解和支持的品质。在比喻的意义上，儿童其实是所有人中对于他们周围现实的最伟大的倾听者。他们拥有倾听的时间，不单单是用于倾听的时间，还是少有的、好奇的、悬置的、丰富的时间，一种充满等待和期望的时间。儿童倾听生活的所有形式和色彩，他们也倾听他人（成人和同伴）。他们很快就理解了倾听（观察，还有摸、闻、尝、找）对交流而言是多么重要。儿童生来就倾向于交流，倾向于在关系中存在，在关系中生活。

因此，倾听似乎是一种与生俱来的倾向，从出生起就伴随儿童，让他们适应文化的过程得以前进。这种天生的倾听能力的说法听起来似乎有点自相矛盾，但实际上，文化适应的过程必然会涉及天生的动机和能力。新生儿带着一个快乐的、富有表现力的自我来到这个世界，准备去试验和探索，去使用物件并与他人交流。从生命的最初开始，儿童就对于他们周围的环境表现出非凡的、旺盛的创造力以及自主的、清晰的意识。

从生命很早的时候开始，儿童就展现出他们的表达能力，更重要的是他们知道如何倾听，并且想要被倾听。社会性不是教给儿童的，他们就是社会性的存在。我们的任务是支持他们并和他们一起交往、生活；这就是源自我们文化的社会性特质。幼儿会被源自我们文化的各种方式、语言（以及这类代码），还有其他的人（儿童和成人）所深深吸引。

这是一条艰难的路，它需要付出努力、精力、艰苦的工作，有时还要承受痛苦，但是它也带来了惊奇、惊喜、快乐、热情和激情。这是一条耗时的路，要花费儿童拥有而成人经常没有或者不想拥有的时间。这就是一所学校应当成为的样子：首先应当成为一个多元倾听的环境。在这种多元倾听的环境中，教师、儿童群体及每个儿童都参与其中，所有人都能够既倾听他人也倾听自身，翻转教与学的关系。这种翻转把重心转向学习，即儿童的自我学习，这种学习是儿童群体和成人共同完成的。

当儿童向他人表征他们的心理图像时，他们也是在向他们自己表征这些心理图像，并建立起一幅更为自觉的图景（内在倾听）。就这样从一种语言走向另一种语言，从一个经验领域走向另一个经验领域，并且反思这些转变以及他人的转变，儿童得以调整和丰富他们的理论和概念的地图。只要儿童有机会在群体环境里，也就是在他人当中和他人一起进行这些转变，并且有可能去倾听和被倾听，去表达他们的与众不同，同时接受他人的与众不同，这一切就会发生。教育者的任务不仅是允许差异得以表达，而且还要让差异有可能通过观念的交流和比较得到协商和滋养。我们正在谈论的既包括个体之间的差异，也包括语言（例如口头的、图像的、造型的、音乐的、手势的）之间的差异，因为正是这一种语言向另一种语言的转变，以及它们之间互惠性的互动，使得概念和概念地图的创造和巩固成为可能。

不仅是个体的儿童在学习如何学习,群体的儿童也渐渐意识到群体本身就是一个"教学场所",在那里,许多种语言浓缩其中、多元共存、精炼概括并生成变化,而且也彼此碰撞、"污染"、混合并且更新着。

"支架"这一概念既表明了教师角色的特点,也预示着新的、与以往不同的方法和意义。这当中,维系个体和群体进程的是环境,是互相期望的网络,而不是教师本身。除了提供支持和文化中介(例如学科内容、工具),那些懂得如何观察、记录和解释儿童自主经历过程的教师,能够在这种情况下最大限度地发挥他们学习如何教学的潜能。

因此,记录被看作可见的倾听,是学习轨迹的建构(借助笔记、幻灯片、视频等),它不仅能证明儿童的学习路径和过程,而且因其可见而使这些学习路径和过程成为可能。对我们而言,这意味着让构成知识之基本要素的关系变得可见,成为可能。

记录

要确保倾听和被倾听是记录(生成轨迹和记录,证明儿童个体和群体的学习方式并使其可见)的首要任务之一,并且确保儿童群体和每个个体学习的时候(既在过程当中,也在结束之后)都有可能从外部视点观察到自己。

过程当中(也就是在学习期间)产生和运用的广泛记录(视频、

录音带、手写笔记等）有如下优点：

- 使学习过程和每个儿童所用策略的特点可见（尽管只是以部分的方式，因而是"偏颇的"），使得主体学习的过程和主体之间学习的过程成为共同的财产；

- 能够在时间、空间上对学习过程进行解读、回顾和评估，这些行动会变成知识建构过程的组成部分。

记录能够从认识论的视角帮助调整学习（记录能够帮助主体进行认识论评估和自我评估，将其变成学习过程的组成部分是因为其能引领学习过程本身）。记录看起来对于元认知过程和理解儿童与成人是至关重要的。联系到近来的研究越来越强调记忆在学习和身份形成过程中的角色，我们可以假设能够通过形象（照片和视频）、声音和符号对记忆进行大量的强化。同样，反思方面（通过使用来自记录的发现进行再认识）和专注与解释的能力也可能从这种提高记忆力的材料中获益。这只是一个假设，但在我看来，它值得被正视和讨论。这里我会把这一过程定义为一个观察、解释和记录交织在一起的螺旋，我们能够清楚地看到，这些行动中没有哪一个能够真正从另外那些中分离或移除。任何分离都是人为的，并且只是为了方便讨论。当然，我会谈到在成人的意识层面和行动层面，有些环节占据着主导地位。实际上，没有观察的记录是不可能的，显然，没有解释的记录也是不可能的。

通过记录，记录者的思考或解释变成了具体可感、能够被解释的材料。笔记、录音、幻灯片和照片展示着记忆的片段，这些记忆的片段似乎也因此变得"客观"。然而每一个片段实际上都充满了记录者的主观性,被提供给其他的解释主体,去认识或再认识,创造或再创造,由此成为一个集体的知识建构活动。

结果是,知识被许多人的贡献丰富和充实。在这些片段(形象、词语、标记和绘画)当中,有曾经发生的过去,但也有未来(或者如果……可能发生的其他情形)。

我们现在看到的是一种教学的新概念:参与式教学,一种程序和过程能够交流和分享的教学。可见性、易读性和可分享性成为支持性的核心,因为它们是交流和教学能够取得成效的基础。如此一来,教学就更类似于交流的科学,而不是传统的教学论。

当此之际,有一个特别的维度出现并支配着教与学的关系,并在此一背景下越发明晰可见。在记录(观察和解释)的时候,评估这一要素在这期间紧跟着进入经验(活动)发生的情境之中。在实际进行记录之前做出一个抽象的预测,明确什么重要,哪些要素对达成学习目标而言必要且有价值,这是不够的。必须随着经验的展开和行动本身互动,和那些被揭示、定义和感知为真正有意义的东西互动。我们应当沉稳而迅速地抓住预测和事实之间(本身的意义和儿童赋予他们的行动的意义之间)的落差。成人期望的图景不是规定而是方向。困惑和不确定弥漫在情境中,它们就是"记录者背景"的一部分。这是真正的教学自由,既是儿童的,也是教师的。它位于可预测的东西和无法预料的东西之间,正是在这里建构起儿童和教师的学习过程之间的交流关系。正是在这里,教师和同事们进行着想法上的提问、对话和比较，开会讨论要"做些什么"并实施评估过程（决定什么是重要的）。

问题的关键是要把儿童看作他们自己以及他人的背景，把学习过程看作"受教育的主体"和"教育的客体"（既包括知识，也包括社会-情感和有价值的行为模型）之间互动建构的过程。这意味着不把教育的客体看作客体，而是"关系所在"。我用这一术语强调教师选择并提出知识建构路径的方式（承担所有应尽的责任）。这是一种关系的建构，这种关系源于主体和客体之间相互的好奇。这种好奇由问题引发，而问题又推动主体和客体"彼此相遇"，表现为儿童懂得的内容（可理解为理论和对知识的渴望）和有关客体在其文化认同意义上的知识的相遇。这种文化认同不限于可被直接感知的那些因素，还包括围绕这些因素产生的文化阐释，尤其是那些能够在这种新的求知关系中产生的内容。这种对于客体的再认识不仅仅是"历史性的"，或者说复制对该客体而言在文化上已知的东西（例如，对于一棵树，我们在生物学、建筑、诗歌等领域中有已知的解释）。它也是一个鲜活的生命体，因为它在充满活力、新鲜感和不可预测性的相遇中获得了生命力，儿童能够在这种相遇中赋予该客体新的身份，为该客体，也为他们自己创造一种关系，一种隐喻的、诗意的关系。

记录就是这样一个过程，它是辩证的，立足于情感纽带，并且也是诗意的；它不仅伴随着知识建构过程，在某种意义上也孕育了这一过程。

记录不仅适合解释，而且它本身就是解释。它是一种既深入内心，又处于人际交流当中的叙述形式，因为它给那些记录的人和解读记录的人以机会去反思和学习。读者可能是一个同事、一群同事、一名儿童、一群儿童、家长等任何已经参与或想要参与这一过程的人。记录材料是开放的、可及的、有用的，因而也是具有可读性的。不过在现实中情况并不总是如此，这样一个过程既不是自动发生的，也不是轻易发生的。有效的记录需要在记录式的阅读和写作方面拥有广泛的经验。

易读性

记录因而是一种叙述形式。它的吸引力在于一系列数据当中包含着丰富的问题、疑惑和反思，并将其提供给他人，包括同事和儿童。这类"写作"，不同的语言（图像的、视觉的、符号的）交织其中，需要有它们自己的代码，需要在建构和使用它们的群体中拥有它们自己的惯例，以保证开展有效的交流，即使只是部分保证。也就是说，这类写作必须清晰易读，即使那些不在现场的人也能有效理解，而且其中还应该包括记录者感知到的"突发要素"。这是三维立体式的写作，目的不是赋予事件以客观性，而是表现意义创造的努力；也就是说对于记录也好，对于记录作者在某一事件中所察觉到的问题也好，都要赋予作者认为应当赋予的意义和重要性。不能把这些写作和作者的个人特点相剥离，这样我们就能意识到他们的偏见，不过这也被看作有质量的写作的一个特点。

记录者用一种个人的眼光来看待发生的事件，目的是深入地理解它们，同时又试图让表达清晰易懂。虽说这可能看起来有点矛盾，但只要你把记录看作未完成的，当你尝试把记录提供给他人的时候，期待的不是提供你确切知道的东西，而是你认识的边界或者说你的局限，这就是可能的。而这种局限来自如下事实：你正在叙述的"客体"是一个研究的过程和路径。

评估：赋值的视角

我们给儿童的学习过程和程序所提供的，给那些儿童和成人一起付诸的行动所提供的，是一种赋值的视角。赋值意味着赋予这些情境以价值，表明的是其中的某些元素是有价值的。

我认为这就是评估的起源，因为它能让记录者在记录时应用的价值元素（指标）明确、可见、可分享。评估是记录固有的组成部分，因此也是我们称为 progettazione[1] 的完整方法的固有组成部分。实际上，这种方法超越了预先规定、确定的程序，它是一种由出自过程本身的价值元素引导的程序。

这使得记录对儿童自身而言特别有价值，因为他们能以叙述

---

1 在意大利语中，动词 progettare 有许多含义：设计、计划、设置、规划（工程技术意义上的）。然而雷焦教育工作者使用的名词形式的 progettazione 有其特定含义。它在雷焦的用法和 programmazione 的意思相反。Programmazione 的意思是预先确定的课程、计划、阶段等，而 progettazione 的概念意味着一种更全面、更灵活的方法。运用这种方法时，开始会对教室工作（还有教师发展及与家长的关系）做出一定假设，随着实际工作的进展会调整、改变方向。

的形式直面自己的行为，看到老师从他们的工作中获得的意义。在儿童的眼里，这能显示出他们做的事情是有价值、有意义的。这样一来，他们就有了"存在感"，就能从匿名和隐身中挣脱出来，看到他们所说的、所做的非常重要，得到了倾听和欣赏，是有价值的。

这就好像和你自己，和进入这种超文本当中的无论是谁之间有了连接。在这里，文本就是儿童个人心理空间的导航、支持和理由。

教师的素养

在这一背景下，教师的角色和素养显然和把教师的工作简单地视为以传统的方式传递学科知识时完全不同。

教师的任务不是发现并教会儿童一系列特定的规则，或者去呈现某些能总结成公式、被他人轻易学会的命题，或者去教一种无须调整就能复制运用的方法。

教师的素养更多要从理解的角度，而非纯粹知识的角度进行界定。也就是要熟悉关键的事实，让那些熟悉关键事实的人说出什么重要，并设想什么才是适合某一情境的，也即在特定情境中什么才是对学习者有帮助的。

所以，秘诀是什么呢？没有秘诀，没有万能钥匙，有的只是不断地检验我们的理解、知识和直觉，分享并和我们同事的理解、知识和直觉进行比较。这不是一种可传递的"科学"，而是一种对于知识的理解和敏感。在只有表面清晰可见的情境中，行动若取得成功，一部分是因为行动者，也就是儿童和教师取得了成功，在不同层面上，他们都对学习过程负有责任。

靠试错前行并不会贬低教学的作用。实际上，它反而会在过程的层面（既包括过程，也包括我们对过程的意识）和伦理的层面丰富教学。

也有即兴发挥的因素起作用，那是一种随机应变，一种审时度势的能力，知道何时采取行动，何时按兵不动，这些都没有公式，没有通用配方能够替代。

当然也有风险，实际上还不少：模糊和肤浅可能导致对记录的一系列图像或手写笔记做出误判，如果没搞清一个人正在观察什么，就会导致迷失方向和丧失意义。

一个议题在此处清晰浮现，就是教师教育的问题。教师的通识教育必须基础广泛，跨越众多知识领域，而不只是心理学和教育学。一名有教养的教师不仅要有多学科的背景，而且要拥有研究的文化、好奇的文化以及在群体中工作的文化，总之，要有基于项目思考的文化。我们尤其需要教师群体感受到，他们是真正属于并参与这一过程的，不仅以教师的身份，更重要的是以个人的身份参与其中。

雷焦教学、哲学思想的缔造者洛伦斯·马拉古奇（Loris Malaguzzi）[1] 曾说过，我们需要这样的教师，他们有时是导演，有时是舞台设计师，有时是幕布和背景，有时是敦促者。他们既可爱又

---

1 洛伦斯·马拉古奇，1994年去世，是雷焦市立学校的首任教学主任，20世纪最伟大的教育思想家和实践家之一。

严厉，他们是工程师，他们是油漆工，他们甚至还是观众——有时鼓掌，有时保持沉默，饱含感情，有时候带着怀疑判断，有时候又带着热情欢呼。

3. 看见的方式:
运用马赛克方法倾听幼儿的看法

艾莉森·克拉克

马赛克方法是一种优势为本的方法框架，自1999年起在英国研发和运用，它把幼儿看作有能力、积极主动的意义创造者和环境探索者。从这一视点出发，马赛克方法汇聚了一系列方法，用于倾听幼儿对于他们生活的看法，其中既包括观察的方法，也包括参与式工具。马赛克方法采用的是解释主义的方式，承认我们首先需要设法理解儿童如何"看"世界，进而才能理解他们的行动。儿童的视角成为儿童、实践者、家长和研究者之间意义交流的中心。

本章由马赛克方法的提出者撰写，探索了作为倾听幼儿之框架的马赛克方法，以及这种方法和里纳尔迪在前一章中讨论的倾听教育学之间的关联。

马赛克方法的研发是在一项研究中进行的，这项研究试图在对多个机构组成的儿童、家庭服务网络进行评价时纳入"儿童的声音"。研发过程已在别处做了详细解释（Clark and Moss, 2001;

Clark,2003)。在第二项研究——游戏空间研究中,我们对马赛克方法进行了调整,用于倾听幼儿对于户外环境的看法(Clark and Moss,2005)。本章将参照第二项研究当中的个案研究,来说明倾听幼儿那复杂、多层,有时令人惊喜的过程。

马赛克方法是在研究背景中研发的,但是后续通过会议、工作坊和实践者进行的讨论,推动了早期儿童实践工作者对该方法的运用。这说明研究和教学之间的区别何其模糊。这种区别在雷焦·艾米利亚案例中也受到质疑[1]。在和一组美国研究者讨论雷焦·艾米利亚市立学校扮演的角色时,一名研究者如此评论:"教学、评估、记录和研究行动彼此包含。它们无法在任何实践的意义上被分开;它们是一体的。教学和研究之间不存在任何二元关系。"(Seidel,2001,p333)不过在雷焦学校内部,他们强调教师即研究者,要参与持续不断的有关儿童和学习的知识建构过程:"那就是为什么(里纳尔迪说)我如此频繁地写到教师即研究者……并非我们不认可你们的(学术)研究,而是我们也想要我们作为教师的研究得到认可,认可研究是一种思维方式、生活方式、协商方式、记录方式。"(Rinaldi,2005,p192)

起始点

能力的概念是影响马赛克方法研发的理论观点中一个关键特征

---

[1] 自1981年以来,雷焦的展览"儿童的一百种语言"和来自雷焦的演讲者们一起走遍全世界,在超过20个国家进行了百场以上的展示。

(Clark, 2003)。能力概念的来源之一是在童年社会学推动下产生的积极儿童观(Mayall, 2002)。在这种积极儿童观之下,儿童在研究过程中或者在一般意义的社会当中不再被看作被动的客体,而是社会行动者,他们是"存在着的人而不是成长中的人"(Qvortrup et al, 1994, p2)。这就把重点转向了儿童对他们的生活、兴趣、优先事项和关注点的探索上来(例如 Christensen and James, 2000)。

第二重影响来自有关"声音"的理论视角,这方面的探讨主要出自国际发展领域,特别是通过参与式评估技术进行的研究(例如,Hart, 1997; Johnson et al, 1998)。这些方法论已经被设计出来,目的是让社区当中最没有权力的成人成员的声音被听见,成为变革的催化剂。这一构想始于对能力的期望,即假设本地人对于他们社区的生活拥有独特的见识。研发的技术包括可视的和口头的工具。尽管有些人质疑这些方法究竟能给社区带来哪些真正的益处(Cooke and Kothari, 2001),但这种想法对有关倾听的辩论而言仍然是很有趣的。

第三,也是最重要的,雷焦·艾米利亚市立幼儿园[1]中探讨的理论观点启发了马赛克方法。这些理论观点围绕着有能力的儿童、倾听教育学和关系教育学等理念。马拉古奇,雷焦市立学校的首

---

1. 幼儿园(以前叫"游戏小组")是在英国广泛采用的早期儿童服务形式,主要为3—4岁儿童非全日制就读(大多数儿童在学期中每周3—5个上午或下午来上学)。这些幼儿园多数情况下由社区团体或其他非营利组织运营,现在许多都由政府资助,按照基础阶段课程(参见下一个注释)开展早期教育。

任教学主任,其工作的核心聚焦在丰富、积极的儿童这一观念上(Edwards et al,1998),这和把儿童看作被动的、需要照顾的观念截然相反。这一期望上的变化看起来对理解上学的儿童不断展现出的批判性思维和创造性(例如,通过"儿童的一百种语言"这一巡回展览)而言是非常重要的。

这些观点丰富了倾听的框架,最终导向马赛克方法的开发。马赛克方法具有如下特点:

- 方法多元性:认识到儿童拥有不同的"声音"或语言;
- 参与性:把儿童当作他们生活的专家和主体予以对待;
- 反思性:儿童、实践者和家长共同进行意义的反思,处理解释的问题;
- 适应性:能应用于各种各样的早期儿童机构;
- 聚焦儿童的鲜活经验:能用于多种目标,包括所过的生活,而不只是获得的知识或受到的照顾;
- 扎根实践:倾听框架既有可能用作评价工具,也能扎根于早期儿童工作实践。

开发马赛克方法

马赛克方法的开发是通过两项研究和一项国际回顾来进行的。最初那项研究的目的是研发一套方法,把幼儿的声音纳入对早期儿童服务的评价当中。选择马赛克方法这个名字代表的是要把不同的片段和视角汇聚到一起,以便创造出一幅儿童世界的图景,其中既有儿童个体的，也有儿童群体的。马赛克方法由传统的观察、访谈方法和新引入的参与式工具组成。儿童使用相机记录"此处重要的事物"；他们带领研究者去走访，自己决定如何记录这一行程，并且用他们的照片和绘画作品制作地图。每一种工具形成马赛克中的一片。最初的研究分为两个阶段：第一阶段主要是运用多种多样的方法搜集材料；第二阶段，这些记录的片段和家长、实践工作者的评论汇聚到一起，形成对话、反思和解释的基础，这是一个儿童和成人都卷入的过程。

对倾听和咨询幼儿的国际回顾（Clark et al, 2003）给当前的实践、政策和研究的发展情况提供了更广阔的视野。评论聚焦于幼儿对于教育和儿童照护的观点和经验。幼儿参与室内和户外空间的规划、设计和发展，被认为是未来研究需要关注的领域。回顾以如下评论结尾："幼儿要享受最佳服务，就必须改变政策和实践，这种改变要灵敏回应儿童与众不同的视角、兴趣以及需要。"（Clark et al, 2003, p48）

这篇回顾使我们选择了户外环境作为第二项研究——游戏空间研究的焦点（见 Clark and Moss, 2005 对该研究的全面记述）。这项研究的出发点是把幼儿的视角作为改变物理环境的起始点。这项研究是和"景观学习"（Learning through Landscapes）组织合作进行的。"景观学习"是英国的一家慈善组织，他们的工作是推动学校游戏场的使用、发展和维护。这项研究是"景观学习"的一项更大行动的一部分，他们和地方政府及15家早期儿童机构一起开发可及、可复制、"低技术含量"和负担得起的解决方案，去开发其户外环境。

这项研究在一家为3—4岁儿童提供服务的幼儿园中进行。28名儿童和他们的父母、实践者一起参与了研究。幼儿园里有许多在身体或行为方面有特殊需要的儿童，包括几名有言语和语言障碍的儿童。这家幼儿园服务的是一个包含了社会处境不利人群居住区的混合型地区。

照片3.1：部分户外游戏空间展示

管理者、实践者和一群家长想要更好地利用这家幼儿园所能得到的那一小块户外空间。这里包括了一块软质游戏场地、一小块木质平台、泥泞的河岸和"沼泽"地面以及一个地下泉。一片非常安全的围栏包围着这一空间,并且把幼儿园和一座公园分隔开来。

表3.1展示了在这项研究中使用马赛克方法时用到的一系列方法。先从观察开始,研究者和一组组的儿童合作,去了解他们对于现有游戏空间的看法和经验,为后续改变环境提供基础。一些儿童拍摄空间的照片并把它们放到他们个人制作的图书中。其他儿童带着研究者游览这块场地,用相机并通过录音把这一过程记录下来。幼儿园的儿童还两人结对或组成小组,用他们拍摄的照片和绘画作品来制作户外空间的地图。

研究者在活动过程中和活动结束后对儿童进行了个别访谈和小组访谈。4名实践者和4名家长也接受了访谈,谈论他们对于儿童如何使用户外空间的看法。

在这项研究中增加了一种新的马赛克方法工具:魔毯。设计这种方法的目的是要和儿童就更大的环境开启新的对话。儿童知道当地的哪些地方?他们对这些地方体验如何?这能给当下和未来如何使用他们的户外空间带来哪些额外的见解?我们使用当地镇中心、地标和公园的照片(所有照片都是从儿童的高度拍摄的)做幻灯片展示。研究者还加上了一些自己家所在地公园的照片,以及研究期间拍摄的幼儿园户外空间的照片。娃娃家被改成一个黑暗的帐篷,这些儿童坐在一张"魔毯"上分组观看幻灯片。克里斯蒂娜·帕克(2001)在访问雷焦·艾米利亚后曾尝试过这一方法,用来和幼儿谈论不同的地方。

表 3.1：马赛克方法的方法"片段"

方法	说明
观察	质性的观察描述
儿童访谈	以一对一或小组形式进行的访谈
拍照和图书制作	儿童自己拍摄的"重要事物"的照片和图书
游览	由儿童带领和记录实地游览
地图制作	使用儿童自己的照片和绘画作品对某个地点进行呈现
访谈	对实践者和家长进行非正式访谈
魔毯	用幻灯片展示熟悉的和不同的地方

最初的一项研究是分两个阶段进行的：先搜集资料，然后反思和解释。但"游戏空间研究"重在实践改进，为此我们为马赛克方法明确增加了第三阶段，目的是强调倾听当中包含着决策制定的要素：

第一阶段：搜集儿童和成人的观点；

第二阶段：讨论（评论）材料；

第三阶段：决定哪些方面延续以往，哪些方面做出改变。

尽管这里把搜集材料和评论材料描述成两个独立的阶段，但在实际运用上这些区分是非常模糊的。例如，当研究者在研究开始的第一周将观察期间拍摄的照片放在衣帽间区域时，实践工作者就开始回顾儿童对于户外空间的使用情况了。对意义的反思和对理解的重新评估贯穿于整个方法的运用过程，只不过第二阶段是集中的反思期。

对材料的回顾评论是和儿童、实践工作者以及"景观学习"组织一起进行的，目的是让回顾评论尽可能聚焦于儿童的视角。研究者把儿童的评论和照片做成一本书,以便让回顾评论以儿童为中心进行。这一过程经设计以故事的形式进行,小狗巴尼(Barney)是故事中的主要人物,另外还有一只卡通毛毛虫。巴尼是一只玩具狗,研究者把巴尼介绍进来,在和儿童进行的许多次对话当中把它作为媒介。儿童和研究者讨论这本书,此外,还在员工会议期间召开了两次会议,用于和实践工作者一起回顾评论材料,这部分记录也成了这两次会议的焦点。

研究者还和"景观学习"组织负责开发的官员一起回顾了视觉的和口头形式的材料,对使用每一种工具获得的材料轮流加以讨论,以便揭示都有哪些主题出现。讨论围绕两个主要问题进行:

- 儿童认为在这个户外空间里哪些地方重要?
- 儿童是怎样使用这些地方的?

这些讨论的结果被描画成一项大计划。把相似的想法联系起来,相互冲突的想法予以注明。这样就到了第三阶段:决定哪些方面延续以往,哪些方面做出改变。

通过回顾评论过程,共在户外空间中识别出四种地方。

保留的地方:毛毛虫

一个巨大的塑料毛毛虫隧道定期放置在户外。从第一次参访就可以明显看出,儿童喜欢这个形状古怪的设施。而且,使用不同研究工具搜集的资料都凸显了这个设施对儿童而言是多么重要。这是一处无须改变的游戏空间。

扩展的地方：游戏屋

对儿童的观察表明游戏屋对他们而言是一处重要的资源。儿童通过他们的照片、参访和访谈证明了这一点。家长们也提及游戏屋是幼儿园里的一处重要空间。然而，对实践工作者的访谈表明房子也会导致冲突。他们感到这所房子太小了。和儿童、实践工作者及"景观学习"组织人员进行的回顾证实了存在对立观点，并提出了一些可能的解决方案。幼儿园现已开辟了一个新的区域，供儿童建造自己的临时建筑。

改变的地方：围栏

儿童的照片和地图凸显了安全围栏是如何主宰户外空间的。近距离的观察还揭示出其他的维度。安全围栏空隙的宽度足够儿童看到外面。制订解决方案时需要记住留下这些空隙很重要，这样人们就可以继续透过空隙观察外面。家长们已经设计并制作了毛毛虫和蝴蝶形状的黑板粘在围栏上。这分散了人们对围栏上钢铁材料的注意，又让儿童仍然有空间向外看。

增加的地方：新座位和挖掘区

研究过程中还发现了可以在户外空间中添加一些地方，来增加儿童的乐趣。首先就是要增添更多成人和儿童可以一起坐的地方。家长们已经添加了座位，这样儿童和成人现在就能一起坐在喷泉旁边或者坐在一张色彩鲜艳的长凳上。

其次要添加的是挖掘区。观察表明室内沙坑在儿童中非常流行：每个儿童在自己记录重要户外空间的书中都有一张室内沙坑的照片！

现在幼儿园已经增加了一个户外沙坑。

倾听教育学与马赛克方法

在本书第二章中，里纳尔迪描述了倾听教育学的多层次性，这已经成为雷焦·艾米利亚实践的基石之一。其中的要素包括：

- 内在倾听或自我反思；
- 多元倾听或向其他"声音"开放；
- 可见的倾听，包括记录和解释。

这些要素中每一个都和使用马赛克方法时产生的倾听过程有关。接下来的部分将借助游戏空间研究中的个案研究，依次检视这些要素。

内在倾听

内在倾听承认，倾听作为一种让儿童理解他们的世界的策略，是非常重要的。因此，倾听不仅是其他人接收信息的通道，而且是儿童思考意义、做出发现、建立新连接并表达理解的反思过程。在前面一章，里纳尔迪描述了雷焦的教育工作者们自问的首要问题："我们怎样才能帮助儿童找到他们所做的、所面对的、所经历的一切的意义所在？"

马赛克方法的核心问题是："置身此地的意义是什么？"这个问题可以从许多方面解释，但在其中一个层面上它是在问儿童："在当下、过去和未来，你在这里的意义是什么？"这一问题有着物质的方面。它会引导儿童去反思自己所在的早期儿童机构的具体环境，无论是内部的还是外部的。而地点则可能是一座城市、一座公园或者一间卧室。这是和英格兰基础阶段课程指南[1]中的早期学习目标"在地感"联系在一起的，它鼓励儿童探索他们当地的环境。这当中的重要之处在于给予儿童机会反思他们的鲜活经验，而不只是学习抽象概念。这和建构主义学习模式是一致的，在这种学习模式中，环境是儿童探寻意义的关键要素（MacNaughton，2003）。

这是一个没有"错误"答案的问题。儿童可以探索他们自己理解的答案，而不用担心必须去猜测别人想让他们怎么回答。这有助于使内在倾听成为一个创造性的过程，在这一过程中人们可以首创性地或用新的方式自由表达自己的想法。倾听的这一维度和把倾听理解为"提取真相"的观点适成对照，这种观点是在马赛克方法发展过程中，在和一些从事儿童权利工作的官员讨论时遇到的，它暗示在没有成人解释干扰的情况下，儿童应该能够说出自己的想法。马赛克方法和如下观点更为一致："它并非要提取儿童已经形成的想法和态度，而是要使他们能够以对他们而言有意义的方式，探索他们如何理解这个世界，怎样交流他们的想法。"（Tolfree and Woodhead，1999，p21）

开发一种由多元方法组成的框架，使得马赛克方法能够促进内

---

[1] 英格兰基础阶段课程指南适用于3—6岁儿童（也就是义务教育的第一年和进入此阶段之前的两年）。基础阶段包括由政府制订的60多项早期学习目标。

在倾听。这是要包含不止一种研究工具的原因之一。使用的方法越多样,越适合不同的学习风格,儿童就有更多机会去发现新的思维方式,以不同的方式去看待同样的问题。拍照、导览或观看幻灯片为儿童提供了不同的镜像去反思核心问题:"置身此地的意义是什么?"

如果只提供一种传统研究工具,比如访谈,会阻碍有些幼儿回答这一问题。其中就包括口语技能有限的儿童。如果想让尽可能多的儿童有机会进行内在倾听,采用多元方法是十分必要的。

因此,设计并使用不同的方法能令参与的儿童受益。对成人而言它还有另一个优点,即能够对不同的理解进行比较,发现共同的主题和存在分歧的领域。有关多元倾听的主题后面还会探讨。

下面的个案研究通过在游戏空间研究中运用马赛克方法,来解释内在倾听的不同侧面。

个案研究:内在倾听和全纳实践

里斯(Rees)4岁了,即将开始上学。他是个情感丰富的孩子,看起来明显很享受幼儿园的生活。

不过,在幼儿园里,他的口头语言技能看起来有限,但他对照相机很着迷。他对研究者的照相机很感兴趣,渴望拍摄他自己的照片。他对拍照的结果很满意,并在很长一段时间里集中精力把他拍的照片做成了一本书(见表3.2)。里斯坚持要在书上"写下"他自己的说明文字。工作人员看了他的书后感到非常惊讶,因为他在幼儿园对于尝试书写没表现出多大兴趣。

表 3.2：里斯汇编的照片书描述

里斯的照片	说明	研究者的描述
封面	房子	在攀爬架（房子旁边）一侧的女孩的特写
第一页	婴儿车	装有鹅卵石的婴儿车的特写
第二页		带有卡通人物的小障碍
第三页	工作人员姓名	在游戏场地边缘的2名工作人员
第四页		女孩特写，背景是围栏
第五页		房子内部的特写，角落里有个男孩

里斯的照片拍摄得非常匆忙。照片覆盖了一系列主题，包括其他儿童和工作人员，但是里面只有一个孩子的特写照片。里斯在幼儿园显然没有特别要好的朋友。

他选择了一张游戏屋的照片做封面。游戏屋并不是这张照片明显的焦点，但是里斯对这张照片的命名说明了他拍摄的主题就是游戏屋。突出游戏屋这一点和其他许多儿童的反应是一致的，他们也描述了这个游戏空间对于他们的重要性。

有趣的是，他也选了婴儿车。拍照前他往婴儿车里放了从游戏场边捡来的鹅卵石。这表明他对细节的意识和对自然物的兴趣。观察表明，里斯是喜欢玩婴儿车和折叠婴儿车的男孩之一。

里斯受邀参加了儿童访谈。访谈以尽可能灵活的方式进行，有些儿童选择边走动边回答问题。然而，当研究者开始访谈的时候，里斯只是重复问题，并没有做出任何回应。

	图书制作	
照相机	里斯（4岁）	魔毯
	回顾评论	

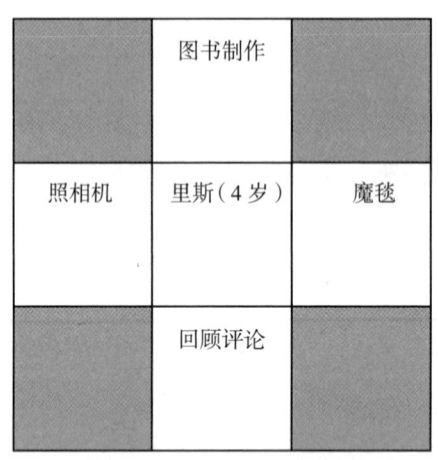

图3.1：里斯参与研究情况图

里斯喜欢参加魔毯幻灯片演示环节。他被幻灯片的操作方法迷住了，对学习如何操作按钮放出新图像感到高兴。"我放出了那张。"他解释道。当幻灯片上出现巴尼的时候，他捡起玩具狗将其和屏幕上的形象比照。

里斯在回顾研究的时候选择抱着巴尼参加，当研究者们朗读写有孩子们的话的图书时，他听得很认真。

里斯已经能够传达他的幼儿园经历的一些重要特点，包括他喜欢和其他儿童在一起，但没有特别要好的朋友，他对游戏屋和婴儿车的喜爱，还有对机器的兴趣。里斯已经通过马赛克方法，使用一系列语言和学习风格（见图3.1）传达了这些"看见的方法"。这反过来使里斯对通过发展图像技能进行交流，和研究者进行更多对话表现出兴趣。

然而，如果研究单单依靠访谈的话，里斯就会成为一个隐形人，就不会有机会探索"置身此地的意义是什么"的问题，或许更重要的是没有机会探索"我在这里的意义是什么"。这当中令人担忧的是，里斯将不会获得同样的一系列语言和学习风格，让他理解上学的意义。

这部分内容聚焦于马赛克方法和内在倾听之间的联系。现在我们要把重点转向探讨多元倾听在马赛克方法中所扮演的角色。

多元倾听

在第二章，里纳尔迪把多元倾听描述为实践工作者、儿童小组和儿童个体彼此倾听和倾听他们自身的机会。这表明了倾听的多层面特点：它不限于两个个体之间的交流，是一个复杂的互动网络，并且不断从微观层面走向宏观层面。这和学习的解释主义模式是一致的（Carr, 2000; MacNaughton, 2003），这种学习模式承认多元视角的重要性。

多元倾听中需要为"他者"创造空间，强调倾听是一个伦理问题。推动多元倾听的研究者和实践者都认同，提供时间和资源让儿童能够和他们的同伴以及成人一起反思他们的想法和经验是非常重要的。而马赛克方法为多元倾听创造了机会：

- 和实践工作者及家长一起；
- 和研究者及其他专业人员一起；
- 通过个体、结对、小组和大组互动进行。

马赛克方法认同，一个倾听的框架不应排除实践工作者和家长的视角,这一点非常重要;倾听文化应当延伸到早期儿童机构中的所有人(Clark et al,2003)。在马赛克方法中保有通过访谈,以及第二阶段的回顾评论过程倾听实践工作者和家长的机会。在游戏空间研究中倾听实践工作者的视角,主要集中在他们对于儿童在户外的兴趣、优先事项的整体感知,而不是聚焦于个别儿童。既要访谈管理者,又要访谈新手以及更有经验的实践工作者,这是非常重要的。这实际上承认了倾听是没有等级的,不会赋予高职级的实践工作者以特权,却牺牲团队中较为年轻的成员的观点。回顾评论过程提供了另外的机会,可以和实践工作者展开多元倾听。由研究者主持的旨在回顾评论儿童材料的员工会议,为反思不同视角提供了正式的机会(见下面的个案研究)。

许多家长对他们的孩子的生活细节也有深刻的理解,这种理解代表着他们当下的担忧、热情和兴趣(见本书第六章)。在马赛克方法中,访谈家长代表着对于家长能够提供不一样的"看见的方式"的正式认可。在研究范围内工作的缺点之一,就是用于这一类倾听的时间有限。尽管倾听家长视角的机会很少,但还是能为整体理解"置身此地的意义是什么"增加重要的见解。例如,有几位家长提到他们的孩子在家的时候一有机会就挖掘,这一信息强化了实践工作者拓展幼儿园挖掘区的想法。

在马赛克方法中,研究者和多元倾听有关的角色又是什么呢?很多时候研究者就是"建筑师":一个让多元倾听得以进行的空间和机会的创造者,在其他时候,研究者更多是在不同群体和个体之间传递不同观点的媒介。研究者扮演建筑师角色的一个例子发生在图书制作活动中。游戏空间研究中的儿童用他们自己拍摄的照片制作图书，这开启了他们和围坐在桌旁的其他儿童的讨论，他们饶有兴趣地观看并讨论着那些照片。实践工作者对正在发生的事很感兴趣，也和孩子们谈论着他们拍摄的照片。

研究者还充当媒介推动儿童和其他对儿童视角感兴趣的专业人员之间的倾听。这样一来就让倾听过程超越了和幼儿日常接触的成人的范畴，也可能让其他学科的专业人员，例如社会工作者参与其中（见 Clark and Statham, 2005）。然而在游戏空间研究中，这些对话是和关注游戏空间重新设计的专业人员进行的。研究者主导了和来自"景观学习"组织的发展官员进行的回顾评论，而回顾评论是围绕儿童的观点的记录进行的。对于记录或者可见的倾听所扮演角色的反思会在后面予以讨论。

下面的个案研究将通过聚焦游戏空间研究中的游戏屋，来说明成人和儿童的多元倾听如何进行。

个案研究：多元倾听——游戏屋

游戏屋是当地一家企业捐给幼儿园的一间小木屋。它有一扇门，对着木质平台，有两扇窗，透过窗子能清楚地看到游戏场、木质平台和泥泞的地面。游戏屋里有一套塑料烧烤用具、桌子和椅子。里面可以容纳 4 名及以上的儿童。观察表明游戏屋大多数时候都在使用中，经常用于分组玩角色扮演游戏，在一天的不同时间作为"休息"的地方。

围绕游戏屋对儿童进行的访谈，揭示了发生在这里的想象游戏的更多细节，以及噪声的水平。下面是儿童访谈的片段：

研究者："给巴尼讲讲这座游戏屋吧。"

亨利："这是我们玩游戏、谈话、做饭的地方。"

鲍勃："……坐在椅子上。亨利和我可以吹口哨。"

米莉、爱丽丝和比尔："他可以演医生……有一个座位可以坐，有一张桌子可以坐，但是你们不能都坐在桌子上。"

朱莉："玩。我们演医生，我们演兽医。看这个，你把椅子放在那里，然后你躺在上面（然后杰西卡停下来和'狗狗们'玩兽医游戏）。"

吉姆："到了晚上，天就黑了。蝙蝠挂在窗台上。我喜欢待在那里，喜欢那里的一切。"

罗伯特："我不喜欢在这里玩狗狗游戏——这里太吵了，人太多了，有的老师会让他们出去一个。"

游戏屋在孩子们的照片里出现的次数凸显了其重要性，这些照片展现了游戏屋内部的特写，或者发生在外面的游戏。孩子们在他们的游览中带研究者去游戏屋，选择游戏屋的照片和画作制作地图。

倾听实践工作者的看法突出了儿童和成人之间某些态度上的差异。实践工作者意识到了游戏屋有多么受欢迎，但他们每个人都对它现在的使用情况有所保留。

希瑟："孩子们爱在游戏屋玩，他们往往把它当作缓冲区。有些人认为那里的活动很棒……然后就可能变成一场打斗，(他们)把东西扔到窗外，或者大喊大叫。但我不认为游戏屋的利用很成功，即使有3名（儿童在那里玩）。他们喜欢把玩具带进去，但是……主要的问题是它太小了。"

路易斯（管理者）："游戏屋最初面朝小屋。那时真是令人绝望。他们把它整个拦起来，所以我们把它挪了过来，这样它就成了安静区域的一部分。两个孩子玩还好，但要放东西进去就不够大了。我们在尝试利用它……我希望它能有现在的两倍大。"

尽管实践工作者意识到游戏屋很受欢迎，但他们担心游戏屋里会变得太过拥挤，导致攻击性游戏增加，结果需要持续不断地予以监督。

家长描述了在家里玩角色扮演游戏的重要性，有一个孩子在家有自己的游戏屋，他把它当作独处空间。"他喜欢他的小屋。他把火车的照片挂在他的小屋里。"（吉姆的妈妈）

如前所述，多元倾听使得对于游戏屋的态度上的差异显现出来（如同下页表3.3中概括的那样）。这些不同的看待方式构成了讨论的基础，幼儿园最终新创设了一块铺草皮的户外空间，给孩子们用于搭建临时建筑，他们可以在那里"坐坐，谈话，还有做饭"。

表 3.3：运用马赛克方法聚焦游戏屋展开多元倾听

研究工具	游戏屋
观察	儿童把游戏屋当作社交场所。这里是一个吵吵闹闹、一起说话以及玩想象游戏的地方。
相机和图书制作	儿童拍的 60 张照片里 12 张有游戏屋，这些还被选出来放到他们的书里。这里面既有屋内的照片，也有屋外的照片。在这里孩子们可以躲起来，和朋友谈话，看看外面正在发生什么。
游览和地图制作	孩子们在游览时拍摄了游戏屋里面和外面的照片并把这些照片放到了他们的地图里。
实践者访谈	实践工作者认识到儿童出于多重目的使用游戏屋。4 名接受访谈的实践工作者中有 3 名把游戏屋称为他们想要送走的东西。
家长访谈	一位家长认为，游戏屋是她的孩子在幼儿园户外很喜欢玩的地方："在这里玩角色扮演游戏是很重要的事。"另一位家长描述了她的孩子在家有一个游戏屋。
儿童访谈	儿童详细描述了游戏屋里发生的事。几名儿童把游戏屋视为他们最喜欢的地方，而其他儿童认为那里可能太吵了。

可见的倾听

探讨过内在倾听、多元倾听与马赛克方法的联系后，接下来这部分将探讨记录或可见的倾听的角色。里纳尔迪在本书第二章中描述了记录是如何通过构建活动轨迹成为可见的倾听的过程。她描述了笔记、照片、幻灯片和其他形式，这些轨迹不仅记录了学习过程，而且通过使其可见，而让学习成为可能。这和多元倾听又联系起来了，因为记录使倾听可以在不同水平上进行，可以和一系列的个人和群体一起进行。本书其他章节（例如第六章和第七章）已经描述了记录对于早期儿童机构中倾听的关键作用。这部分将把讨论集中于记录在由研究者主导的马赛克方法中所扮演的角色。

马赛克方法通过在个体、群体、组织和更大的社区层面搭建交流平台而创造了可见的倾听的机会。儿童的图书制作是个体层面可见的倾听的一个例子。地图制作过程是群体层面可见的倾听的一个例子，把地图展示给实践工作者、家长、其他儿童以及其他来访者又开启了组织层面的倾听。

在游戏空间研究的回顾和评价阶段又进一步增加了可见的倾听的机会。回顾聚焦于由研究者制作的图书，它是儿童的回应和照片的整体记录（这与儿童个人制作的图书适成对照）。这本游戏空间的书在组织层面上提供了一个和实践工作者及儿童交流的平台。而这些讨论带来了后续对户外环境的改变。

记录也是与"景观学习"组织进行讨论的重要组成部分。研究者利用自己的笔记、儿童的照片和地图以及访谈整理了图表，这些图表为有关儿童游戏空间使用的讨论提供了中心。这说明了马赛克方法是如何为与更广泛的社区进行交流提供平台的，在本例中，交流对象是对与幼儿园合作感兴趣，但不参与儿童日常工作的外部组织。

还可以把研究留下的印迹汇集起来进行评价。这组照片为儿童提供了一个平台，让他们一起讨论他们对于参与研究的记忆和收获。

这个过程中有一个问题：谁是记录者？回答是：马赛克方法让研究者和儿童成为合作记录者。参与式方法已经强调了儿童作为他们"身处此地"的经验的记录者的角色。研究者反过来也已经记录了对这一过程的观察和反思，其中包括了对该过程的视觉和口头记录。还有一种可能是把记录的角色拓展到实践工作者身上，这样就能巩固交流平台，促进未来的可见的倾听。

下面的个案研究说明了作为研究工具之一的地图制作，是如何为从个体到共同体多个层面上的可见的倾听提供机会的。

个案研究：可见的倾听——地图制作

鲁思、吉姆（两人都3岁）和研究人员会面，一起做一张户外空间的地图。地图是基于他们在该地走访时拍摄的照片，以及选出来用于制作图书的照片的副本制作的。孩子们还在这些照片上添加了他们自己画的画。地图由此既是他们个人的记录，也是合作的记录。

两名儿童都渴望看到他们自己出现在地图上，鲁思还加上了她的名字。吉姆要确保把他对火车的喜爱呈现在地图上，于是用了他的机动火车和"给玩具睡觉的"棚子的特写。鲁思选择了她让吉姆拍的鹅卵石的特写照片，吉姆和鲁思还加上了树的画，这些树围在游戏场四周，比围栏还高。

在地图制作活动期间，吉娜，一名来自"景观学习"组织的访客来考察研究进展情况。地图为可见的倾听提供了基础，以及儿童如何扮演核心角色的案例。

鲁思："这是一幅非常漂亮的地图。"

研究者:"的确是一幅非常漂亮的地图。你知道,它告诉我们很多外面的情况。让我们看看吉娜能从我们的地图上看到些什么,好吗?吉娜,你怎么看我们的户外……"

吉娜:"我能看到鲁思和吉姆在外面有很特别的东西。我能看到你选择了婴儿车和童车,我甚至能在照片中看到你,所以我知道你可能很喜欢玩那些东西。然后,吉姆,你最喜欢的东西……我想你在外面最喜欢的东西可能是火车,对吗?我们能拍一张你在外面和火车在一起的照片吗?"

鲁思:"我喜欢什么?"

吉娜:"你告诉我你喜欢什么。你喜欢希瑟(工作人员)玩攀爬架吗?"

鲁思:"不,我喜欢玩。"

吉娜:"哦,你喜欢玩攀爬架呀。"

这段摘录表明了地图制作让鲁思能够掌控意义创造的过程。鲁思请来访者解释她最喜欢什么,然后以反驳这种解释为乐。

在研究中,实践工作者、家长和其他儿童都成了意义创造的一部分,并通过在衣帽间区域展示儿童制作的地图而相互交流。在拥挤的大楼里,展示空间是非常宝贵的,但是衣帽间提供了一个家长和儿童每天都会去的空间。幼儿园的访客则是另外一个解释意义的群体。

照片3.2：希瑟和吉姆在讨论吉姆的地图

这部分从不同方面解释了运用马赛克方法进行的倾听。不过，这种工作方式需要大量的时间投入。尽管我们努力让参与的每个儿童都使用不止一种工具，但这并不总是可行的。有一些儿童对于置身"此地"的理解得到了详细的了解，但另一些儿童，由于只有部分时间在园，抑或因为幼儿园或研究者时间安排的限制，则只有粗略的了解。

讨论

最后这部分将会提出三个问题，这三个问题是在把马赛克方法和倾听幼儿联系起来的发展过程中出现的，是在培训、会议期间与实践工作者、研究者和政策制定者进行许多次讨论后提出的：

- 权力的问题
- "一百种语言"的问题
- 可见性问题

权力问题

和幼儿交流涉及权力问题：究竟是成人传授"知识"给儿童，还是儿童和成人交流他们的想法。围绕交流无论发生哪种情况，儿童和成人都有地位上的差异，这是很难避免的。这些差异在成人和幼儿一起工作时大概是最为明显的。有许多因素导致了这种不平衡，期望是其中之一。成人对幼儿的期望影响着他们如何与儿童交流，以及他们如何赋能儿童和他们交流。把幼儿看作羸弱的、无力的、脆弱的，会导致从保护和培养的角度对成人的角色抱持很高期望，而对儿童如何表达自己的观点、优先事项和兴趣方面则抱持较低的期望。

把幼儿看作有能力的交流者，需要研究者和实践工作者重新处理他们和幼儿的关系，以及他们的角色问题。马赛克方法对参与的成人而言包含着角色转换的因素。儿童作为记录者、拍照者、发起者和评论者参与进来。儿童扮演积极角色，在赋予哪些想法、人物、地方、物件以重要意义方面发挥主导作用。

一名在研究中使用马赛克方法的早期儿童培训者讨论了下面这些关系转换的例子。培训者正在和一名实践工作者谈及一名儿童。实践工作者评论道:"如果她认为她会得到她想要的东西的话,她就会听。她想要转换角色。"培训者说这正是马赛克方法让儿童做的事,转换角色,让儿童能够主导整个过程。她现在特别喜欢在走访的时候向来访的成人发表她的评论。

这个例子可能凸显了两种情形之间的对比,一种是儿童在运用马赛克方法时所能扮演的角色;另一种是许多幼儿平时的地位,在平时成人总是期望发挥主导作用,无论是传授课程还是创设适宜的环境。实现关系转换的挑战之一是要能接受意料之外的存在。在研究团队中,这可能意味着不要太执着于研究的中心,也不要担心儿童是否会把研究引向计划之外的领域。这种情况在游戏空间研究中就曾发生过,儿童在研究中很明显模糊了室内游戏和户外游戏的区别。例如,有一名儿童拍摄了厕所和室内沙坑的照片,并将其放入他有关户外空间的书中。接受权力转换的好处是,可以从需要成人"知道所有答案"的压力中解放出来。以本章所讨论的方式,倾听也把成人从这种负担中解放出来了。

"一百种语言"的问题

语言也是有关权力的辩论中一个重要的组成部分。如果成人和儿童之间的交流集中在书面和口头语言上,那么幼儿就很难占据优势。众多个案研究已经表明,如果提供一系列多感官方式用于沟通,就可以支持拥有不同能力的儿童分享他们的看法。不应该把这些视觉的、空间的和身体的工具视为"特殊创造",而将其视为向主流学习风格提出的挑战,这种主流学习风格重视语言技能,却忽略了其他沟通方式。有趣的是,语言技能常常是成人感觉使用起来最有把握的表达方式。马赛克方法需要成人重新学习他们在教育情境中并不熟悉的其他语言,或者去学习新的技能。

数字技术为在成人和儿童之间开发新的共享语言提供了许多可能性。未来运用马赛克方法开展的研究将融入儿童对于数码相机的使用。研究人员最初不愿意使用数码相机,部分原因是成本太高,但也有缺乏掌控这种技术的个人能力的原因。这是一个很好的例子,说明成人可能也需要冒险尝试,和儿童一起成为学习者,以便能更有效地倾听。

可见性问题

记录是对于幼儿能力的有力证明。这在"儿童的一百种语言"展览中得到证明。该展览 2004 年在英国举行。开场展板之一展示了两尊由现成物品制作的雕塑的照片。一尊是由一名 2 岁儿童创作的,一尊是由毕加索创作的。这并非搞笑,而是对艺术创作过程的严肃探讨。雕塑对儿童而言本来只是个人乐趣,到达不了更广泛的观众面前。而记录使这一儿童的个人成就能够帮助更多观众重新思考他们对于幼儿的看法和期待。

游戏空间研究已经提出了运用马赛克方法在幼儿、早期儿童实践工作者、建筑师和设计师之间创造交流平台的可能性。虽说这项研究的主题是户外空间,但同样的方式也可以促进成人和儿童就建成环境展开交流。始于2004年7月的一项为期3年的研究，叫作"生活空间研究"[1]，是一项运用马赛克方法规划、设计、改变室内和户外环境的研究。先是对一个建立新早期儿童中心的项目进行个案研究，研究者将和3—4岁的儿童一起工作，记录他们在现有空间中活动的经验，为未来的空间建设提供启发。幼儿的照片和地图形成了一个可见的中心，整个学校共同体围绕这一中心就"我们希望置身此地的意义是什么"展开对话。这一交流平台随后还将拓展至建筑师，他们会把对话中的见解融入最后的建筑。

这个例子中，可见的倾听有了更广泛的应用，不仅用于学习环境范畴，而且改变了在更大的社区中对于幼儿的期望，以及他们在其中所扮演的角色。

结论

本章探讨了倾听幼儿的一个具体框架，它注重发挥儿童的优势，而不是成人的优势。本章的论述表明，运用马赛克方法可以让倾听在不同层面和不同情境下进行，包括儿童倾听他们自己的反思，在儿童、他们的同伴和成人之间进行多元倾听，以及创造可见倾听的可能性。这是一种值得延续的重要努力，因为"如果成人不去留意儿童看待、理解和表征世界的方式，那么让儿童认同学校和老师看待事物的方式就是不可能的"（Brooker，2002，p171）。

---

1 由伯纳德·范·里尔基金会（Bernard van Leer Foundation）资助。

参考文献

Brooker, L. (2002) *Starting school: Young children's learning cultures*, Buckingham: Open University Press, p 171.

Carr, M. (2000) 'Seeking children's perspectives about their learning', in A. Smith, N.J. Taylor and M. Gollop (eds) *Children's voices: Research, policy and practice*, Auckland, New Zealand: Pearson Education, pp 37-55.

Christensen, P. and James, A. (eds) (2000) *Research with children*, London: Falmer Press.

Clark, A. (2003) 'The Mosaic approach and research with young children', in V. Lewis. M. Kellett, C. Robinson, S. Fraser and S. Ding (eds) *The reality of research with children and young people*, London: Sage Publications, pp 157-61.

Clark, A. and Moss, P. (2001) *Listening to young children: The Mosaic approach*, London: National Children's Bureau for the Joseph Rowntree Foundation.

Clark, A. and Moss, P. (2005) *Spaces to play: More listening to young children using the Mosaic approach*, London: National Children's Bureau.

Clark, A. and Statham, J. (2005) 'Listening to young children: experts in their own lives', *Adoption and Fostering*, vol 29, no 1, pp 45-56.

Clark, A., McQuail, S. and Moss, P. (2003) *Exploring the field of listening to and consulting with young children*, Research Report 445, London: DfES.

Cooke, B. and Kothari, U. (eds) (2001) *Participation: The new tyranny?*, London: Zed Books.

Edwards, C., Gandini, L. and Foreman, G. (eds) (1998) *The hundred languages of children: The Reggio Emilia approach to early childhood education* (2nd edn), New Jersey, NJ: Ablex Publishing Corporation.

Hart, R. (1997) *Children's participation*, London: Earthscan/UNICEF.

James, A. and Prout, A. (1997) *Constructing and reconstructing childhood* (2nd edn), London: Falmer.

Johnson, V., Gordon, G., Pridmore, P. and Scott, P. (eds) (1998) *Stepping forward: Children and young people's participation in the development process*, London: Intermediate Technology.

MacNaughton, G. (2003) *Shaping early childhood: Learners, curriculum and contexts*, Maidenhead: Open University Press.

Mayall, B. (2002) *Towards a sociology for childhood: Thinking from children's lives*, Buckingham: Open University Press.

Parker, C. (2001) 'When is she coming back?', in L. Abbott and C. Nutbrown (eds) *Experiencing Reggio Emilia: Implications for pre-school provision*, Buckingham: Open University Press, pp 80-92.

Qvortrup, J., Bardy, M., Sgritta, G. and Wintersberger, H. (eds) (1994) *Childhood matters*, Vienna: European Centre.

Rinaldi, C. (2005) *In dialogue with Reggio Emilia*, London: Routledge.

Seidel, S. (2001) 'Perspectives on research in education', in C. Giudici, C. Rinaldi and M. Krechevsky (eds) *Making learning visible: Children as individual and group learners*, Reggio Emilia: Reggio Children, pp 330-5.

Tolfree, D. and Woodhead, M. (1999) 'Tapping a key resource', *Early Childhood Matters*, no 91, pp 19-23.

4. 参与式观察：
一种了解儿童视角的方式

汉娜·瓦明

今天的丹麦儿童要在早期儿童服务机构，例如家庭日托或儿童中心，度过大量童年时光。2003年，有56%的3岁以下儿童和94%的3—6岁儿童身处此类机构（Danmarks Statistik, 2004），为此支出的大部分费用都是作为丹麦国家福利的一部分由公共财政负担。事实上，儿童从9个月大就开始接受早期儿童服务，这已经成为文化上的常态，一项根据2005年的立法引入的普遍权利（Lov om Social Service, 2004）。截至2004年底，171个城市中有149个已经履行了这一承诺（Danmarks Statistik, 2005）。

就如同在挪威一样，丹麦的早期儿童服务和学校不同，有不同的专业工作者（幼儿教师而非学校教师），并采用更为"儿童中心"的、注重自由游戏的方法。课程框架于2005年才在经历诸多辩论后引入这些服务机构。

丹麦这种童年早期的制度化和对于在研究、政策（例如第九章）和实践中倾听幼儿的兴趣相伴相随。在该领域，丹麦可以说是世界领先的。本章的内容关于一种倾听幼儿的特定方法——参与式观察的作用，此外还展现了该领域的发展如何导向对倾听幼儿的意义、目标和伦理展开批判性反思。

尽管参与式观察这一术语涵盖了多种多样的方法论实践（Adler and Adler, 1987; Atkinson and Hammersley, 1998），但它主要指的是受民族志研究启发的方法路径，目标是通过参与其日常生活而了解他者[1]。我希望能推动对参与式观察更进一步的研究，因为从我的角度看，这种方法对于倾听儿童能起到很大作用。但是本章并不提倡把参与式观察作为一种方法，也不会对怎样才能把参与式观察用到最好提供指南。本章的目标，是在开展一个采用参与式观察方法倾听幼儿的研究项目的经验和反思基础上，对参与式观察的方法论和伦理问题进行批判检视。

在本章开头，我首先对作为一种工具的倾听和作为表达观点的民主精神的倾听进行区分。我认为倾听作为一种民主精神，涉及特定的方法论和伦理挑战。接下来，在对身份的关系建构主义认识基础上，我探讨了儿童的视角，以及用多元的、变化的和情境化的方式表达儿童视角的可能性，并由此拒绝了存在本质的或真实的儿童声音的观念。然而，代际顺序以及儿童在更广泛文化中的参与，使得我们有可能在更抽象的层面上识别儿童观点中的某些共同特征。此外，我要强调，经验和知识总是处在（权力）关系中，并在（权力）

---

[1] 这里使用的"他者"这一术语具有关系性和反本质的意义，"他者性"被看作社会建构过程的产物。

关系中产生：不存在任何特殊的位置可供研究者或实践者去做中立的观察和倾听。因此，本章的核心是在考虑到既不可能存在真实的儿童声音，经验、知识又与人的立场或视角（而不是客观性）密切相关的情况下，对参与式观察者如何倾听并让儿童表达观点这一难题进行的反思。

在文体上，本章突出强调"我"，这么做偏离了大多数的学术写作规范。但这是笔者深思熟虑后的选择，意在承认经验和知识与人的立场密切相关。相反，若采用学术写作这种更为"非个人化"的形式则要冒遮蔽上述特征的风险。

倾听是一种工具，还是一种精神

人们可以采用不同的方式，出于不同的目的倾听儿童。例如，就像在萨克斯（Sacks，1991）的案例当中那样，可以采用话语分析的方法去了解儿童的文化，或者形成鲜明对照的是，奥佩和奥佩（Opie and Opie，1982，1991）采用田野研究方法去探索儿童的具体文化。或者，像在萨顿等人（Sutton et al，2004）对社会认知和欺凌的研究当中一样，目标是能够对儿童的互动进行更有效的干预。这些只是为了不同目标运用不同方法的三个研究案例，它们的共同之处是倾听儿童只是工具，没有任何支持儿童表达观点的意图。

相反，通过倾听支持儿童表达观点则是新童年研究范式（James et al，1998；Christensen and James，2000），以及某些教育实践（例如，本书第二、六、七章）之基本精神的一部分。倾听作为支持儿童表达观点的民主精神,今天已经是丹麦面向儿童的社会和教育工作中一种强有力的理念(Warming, 2003; Kampmann and Nielsen, 2004)。然而,实践中的情形却较为模糊,参与其中的社会工作者和幼儿教师[1]常常无法区分作为工具的倾听和支持儿童表达观点的倾听。这种情况可能会被认为是很有问题的,尽管详细阐述这一点超出了本章的范围(对该问题的重要讨论,可参见 Warming, 2003; Bo and Warming, 2004; Kampmann and Nielsen, 2004; Warming and Kampmann, 2005)。

不过,我在这里想要强调的是区别:作为工具的倾听和作为支持儿童表达观点的基本精神的倾听并不必然是同一的,甚至可能是彼此冲突的。支持儿童表达观点涉及倾听,然而倾听并不必然涉及支持儿童表达观点。作为一种工具的倾听需要听见并且解释你所听见的内容,而支持儿童表达观点的倾听还需要"忠实"地协助儿童,站在儿童一边,和孩子们共同努力。

在我的研究中,倾听的目的是支持儿童就他们在早期儿童机构中日常生活的感受表达观点,并在此基础上从儿童的视角识别理想的儿童生活,以及推动或阻碍这种理想的儿童生活的机制。在本章

---

[1] 幼儿教师是接受初步学位教育的专业工作者,他们从事教育的理论和实践工作,这在欧洲大陆上是起源于19世纪德国的一种强大传统。这种形式具有关系性和整体性,"幼儿教师着手面对的是整体儿童,是拥有身体、智能、情感、创造力、历史和社会身份的儿童"(Moss and Petrie, 2002)。在欧洲大陆的许多国家中都有幼儿教师,尽管他们的受教育情况和工作职责范围有很大不同。在丹麦,幼儿教师在为儿童、青少年和成人提供广泛服务(包括早期儿童中心服务)的劳动力中占比达到一半及以上。

后面，我将会回过头来讨论，我是否真正实现了"忠实"地协助儿童，站在儿童一边的要求；但是了解儿童对于理想儿童生活的感受，还有促进或阻碍理想生活的条件，可能是迈向我和孩子们的共同事业的首要的和决定性的一步。

选择参与式观察作为方法

人们怎样才能了解幼儿对于理想儿童生活的感受，怎样才能了解促进或阻碍这种理想生活的条件呢？这些问题的答案都和研究者的本体论和认识论立场紧密相连。然而在实践中，这类方法论选择常常看起来更多是由研究者的偏好、技能和此前的实践经验，而不是由严格的科学思考所决定的（Atkinson and Coffey，2000）。

我已经习惯了对成人和儿童进行质性的深度访谈，并对此感到游刃有余。然而，也许正是因为这些经历，我没有选择质性的深度访谈作为方法。因为我对于儿童的身份、理想生活以及促进或阻碍理想生活实现的条件的关系性理解，或者换句话说，因为我不接受本质主义和个人主义的理解，例如，存在着真实的、不受环境影响、能够通过科学方法和知识去发现和了解的儿童，坚定了我做出这一选择的决心。借鉴布迪厄（Bourdieu，1990，1992，1998，1999）、福柯（Foucault，1979，1986，1988，1997）和戈夫曼（Goffman，1971a，1971b，1986，1990）这些思想家的观点，我认为儿童对于理想生活和促进或阻碍其实现的条件的感知，是在具体的、情境化的互动中得以塑造（或建构）的，它既不是完全由社会、文化、历史和自身影响所决定的,也无法完全独立于社会、文化、历史和自身的影响。从这个角度来看,并不存在本质的或真实的儿童的视角,儿童视角必定是多元而变动的,是置于社会、文化、历史和自身经历的情境当中的。这种理论观点否定了真实的儿童声音的存在,但同时也假设存在某些共同的情境要素塑造了儿童的感知。

参与式观察让我可以研究儿童彼此的互动,儿童和幼儿教师以及物质环境的互动,而访谈让我只能研究关于这些活动的描述,得到的也只是儿童以访谈过程本身为背景所建构的对于理想生活的认识和感受。从这个角度看,参与式观察看起来是更合适的方法,因为我想要研究的不是在访谈环境中对理想儿童生活的建构,相反,是在早期儿童中心的日常生活中对理想儿童生活的建构。

而且,访谈者主要依赖口头语言,而有关理想儿童生活的经验、知识和交流也可以通过其他方式,例如身体语言来表达。我的经验是,并非每个儿童都偏爱使用口头语言表达自己,或者口头语言未必是每个儿童在表达自己时能最大程度提供有用信息的方式。当儿童在幼儿园[1]的具体情境中活动,以口头语言和身体语言做出反应时,参与式观察则让我可以逐步了解儿童,也了解这一具体的背景。

---

1 幼儿园在丹麦是早期儿童教育机构的主要类型之一,它为3—6岁的儿童提供服务,通常全天开放、全年无休。其他类型的丹麦早期教育机构还包括为3岁以下儿童提供服务的vuggestuer和为3岁以下和以上儿童服务的aldersintegrerede institutioner(全年龄段的早期教育机构)。

我们要寻找什么

所有这些考虑促使我选择参与式观察作为我的方法；但它们并没有更具体地告诉我怎么去做我那对儿童理想生活的研究。在一项参与式观察研究中，当理想生活的样子是用口头语言、身体语言加以表达时，我们又如何将其进行操作化界定呢？为此，我借鉴了丹麦的日常生活理论。该理论认为，每个人对理想生活都有着自己的看法或感受，这是指导他们的日常实践和经验的"意义宇宙"的一部分（Bech-Jørgensen，1990，1994）[1]。这一理论的意思不是说，人们总是从达成理想生活的角度出发理性地采取行动，而是说人们为了理想的生活而奋斗，同时有意无意地评价我们已经在何种程度上达到了理想生活的目标，这些都是我们日常生活的一部分，是我们的希望、我们的行动、我们对发生在我们身上的事情的反应、我们的体验方式、我们的感情等等。此外，我还借鉴了布迪厄的惯习概念，这一概念强调，日常实践在很大程度上受到对何为可能的感觉的引导，我们的努力极大地受限于这种对可能性的感觉。

这样一来，要理解儿童对于理想生活的感知，我就要去看他们的行动和反应：他们做了什么，他们的情感如何，这些又如何随着

---

[1] 在 Bech-Jørgensen 的理论中，这些"意义宇宙"似乎主要是认知性的。然而，受布迪厄（Bourdieu，1990，1992，1998）的启发，我强调"意义宇宙"也是具身性的。

社会空间提供的可能性而变化。例如，我寻找他们参与了什么，他们争取什么又拒斥什么，他们试图逃离什么，又试图得到什么。我还寻找不同的情境和反应激起了何种感情：是什么让儿童笑，让他们变得生气，变得伤心，是什么让他们沉默、投入，感到舒适、烦躁、困惑，等等。

镜头一是一个例子，展现了我如何观察行动和反应，以及我如何试图结合对背景的反思来理解观察结果。此外，这个例子也展现了我并非仅仅用我的眼睛去看、用耳朵去听，而是调动了我所有的感官来观察或倾听。

用所有感官倾听

镜头一

当我在幼儿园的游戏场上做观察的时候，一个叫蒂娜（Tine）的女孩摔倒受伤。她哭了。我朝她走过去安抚她。蒂娜依偎着我，很快就只是有点抽抽搭搭了。"发生什么事了？"幼儿教师大声问。她正站在一个差不多可以环视全场的地方，继续说："到这儿来。我听不到你说什么！"蒂娜爬到攀爬架下面，在那里她可以躲开老师的注视。后面发生的事让我有点困惑，我出于直觉也做了同样的事，有一种做了错事的感觉驱动着我，不过在那一刻我没能搞清自己到底做错了什么。那只是一种感觉。在老师的注视下我也觉得不舒服。

解释

首先,蒂娜和我的行动似乎都是不合理的。然而,当我反思我好像做了错事的感觉时,我发现蒂娜和我的行为又都是有意义的。

在这所幼儿园,有一个未曾言明的规则,如果儿童伤心或受伤,他们应该去找教师寻求安慰。如果采用其他方式,例如哭泣或等待教师过来,抑或只是难过地自己走来走去,都会被看作不成熟和不合适的。我猜蒂娜知道这个规矩,只是无法用言语表达,她也知道自己没能达到要求。因此,她可能把老师的要求——"到这儿来。我听不到你说什么!"看成是责备批评,而不是安抚的邀请。如果真是这样,她选择躲避老师的注视也就不足为奇了。

还有我的反应也能从这种规矩背后的权力角度予以解释。有一种未曾言明的假设,即适当的成人行为应当是支持儿童适应这种规矩的。而我做的恰恰相反,我走向了蒂娜,而不是要求她到我这里来,或者去找某位教师。我对此近乎直觉的认识,是从参与幼儿园的日常实践中获得的,它能解释为什么我会有做错了什么事的感觉,否则至少从我个人的角度看这是毫无道理的。如此一来,我在幼儿园那段时间观察到的这个片段,就能解释为一种对于被视为理所当然的"默会知识",以及如何学习这种知识的描述。

我要强调的是,这只是众多可能的解释中的一种。我选择这种解释是因为对背景的分析表明,这和特定且更加广泛的历史、社会和文化背景中发生的具体互动是一致的(进一步的讨论可参见 Nielsen,2001)。

观察还是参与

如同在本章导言中提到的，参与式观察这一术语可以指称多种多样的方法实践。不同实践之间的区别在于研究者强调观察或者参与的程度如何。强调观察的研究者首先注意和分析他人的言语和非言语互动；强调参与的研究者，就如同我所做的那样，则试图通过参与去了解他者。研究者会利用自己对所研究的文化的不熟悉，因为这种不熟悉让研究者能够对"本地人"习以为常的事感到惊奇——对他们而言熟悉的事物对研究者来讲却是陌生的。因此，研究者在笔记里不仅记下对他人的观察，而且还有自己的经验、感受以及对自己的参与方式的反应。此外，研究者也会记下自己在参与中角色或地位的变化，以及对环境逐渐熟悉所带来的经验的变化（Hastrup, 1995）。这种工作方式认为，你所观察到的东西和你如何解释（理解）你所观察到的东西，取决于你和你所研究的现象之间的关系，这种认识让你对研究的反思变得非常重要。

强调观察还是参与也可以从你使用多少种感官的角度加以区分。如果是强调观察，研究者主要使用眼睛和耳朵；如果强调参与，研究者则用所有感官去倾听（就如里纳尔迪在第二章中所描述的）"用以表达我们自己、进行交流的成百上千种语言、符号和代码，通过这些语言、符号和代码，生命得以表达自身，并且同那些懂得如何倾听的人交流"（见本书37页）。用所有感官去倾听，除了使用你的耳朵、眼睛、鼻子和嘴巴，还用你的身体去感受，例如当你尝试安慰一个哭泣的小孩,用你的双臂拥抱他的时候,你能感受到他身体的战栗,或者当你感到羞耻、困惑或惊奇的时候,你能感受到身体的变化。在前一种情况下,你倾听并且可以获得对于儿童经验的感受;在后一种情况下,你倾听并且可以获得对于文化的感受。用所有感官倾听在根本上关乎共情,以及对于共情的局限的反思。

克利福德·格尔茨(Clifford Geertz)对于"深度共情"是否可能进行了批判性反思。在此基础上,他怀疑把研究者运用所有感官共情的倾听作为有关他者的知识来源究竟有多大价值。我自己不太确定共情有没有可能达到这样一种程度,即你用和他者一样的方式去感受和思考,但我的确同意格尔茨的看法,即我们在假设这种情况会发生的时候要非常谨慎(Geertz,1984)。但是问题的关键在于,"运用所有感官倾听"的好处主要不取决于研究者个人的共情能力,或者其共情能力能否达到某种程度的可能性,而是取决于研究者对于试图让自己去熟悉他人时的经验的反思。其经验不应当是认识他者如何感受和思考的直接来源,因为这些经验一方面是在文化和研究者的个性(你无法像脱掉外套一样摆脱它)之间的关系中产生的,另一方面是由其所研究的文化产生的。因此,我认为"运用所有感官倾听"是对他者认识的来源,但这是间接的来源,或者说是认识的中介。

按照这种观点,如果我们回到镜头一,我就不能假设蒂娜以和我一样的方式在经历正在发生的事;但我可以用我的经验,我对做了什么错事的感受,作为对蒂娜和我的行为进行意义解释的基础。

我把蒂娜依偎着我，解释成她喜欢得到安抚，因此在受到伤害的时候能得到安抚对蒂娜而言就是理想生活的一部分。我相信这不是什么革命性的看法。进而，我把她爬到攀爬架下解释成"某种东西"阻止她从老师那里得到安抚，这样一来就阻碍了她的理想生活的实现。我认为这里的"某种东西"就是规定儿童在这个机构里应当如何行动的规矩，这种规矩在这所幼儿园里的许多不同情况下都在发挥着作用。

因此，我不会宣称我已经发现了从儿童的视角看真正的理想的儿童生活是什么样的。我甚至不相信存在诸如真实的儿童视角这回事。但我会认为，对于从儿童视角看起来理想的儿童生活及其条件是怎样的，我的确知道了一点。在这个意义上，我同意艾莉森·詹姆斯的看法，她认为"宣称从'儿童的'视角写作，不是说要揭示真实的儿童是怎样的，而是更加谦卑地对于童年可能是怎样的进行描述"（James，1996，p315）。

从本章的理论视角出发，"鲜活的"童年可以被理解为情境化童年[1]的一个具体案例。在对镜头一的分析中，我已经进一步表明，在参与式观察当中，倾听儿童和情境是相互交织在一起的过程。在接下来的部分，我会讨论类似幼儿园这样的早期教育机构情境究竟

---

[1] 我使用"早期儿童机构的特定背景"这一术语，是受到布迪厄的场域概念的启发（Bourdieu，1990，1998，1999），我把这个机构作为更广泛的儿童和幼儿服务机构领域的一个具体案例。因此，早期儿童机构的特定背景既不是由更广泛的社会、文化和历史影响所决定的，也不是独立于更广泛的社会、文化和历史影响之外的，它有助于社会、文化秩序的再生产和变革。

是一个单一的情境,还是一个多元的情境。

日托机构的具体情境:单一的还是多元的?

从机构的视角出发,幼儿园的历史、规则、规范、物质环境等等构成了我所研究的具体情境。然而,有人可能会质疑,幼儿园是一个单一的情境,抑或是一个多元的情境。科萨罗曾经分析了儿童在互动中如何以一种创造性、解释性的方式,来再生产他们的成人看护者的文化(Corsaro,1992,1993,1997)。考虑到儿童文化再生产的这种创造性、解释性的维度,人们必然认识到幼儿园是由不断变化的多元情境所构成的:"从这个角度看,我们认为儿童作为个体,作为集体之一部分发展的整个过程都是不断变化的。这些过程是在构成儿童生活的诸多相互交织的地方文化中由儿童和成人共同创造的。"(Corsaro and Molinari,2000,p180)

此外,许多丹麦幼儿园都尽量避免规则太多,规定太严,因为这样会被认为限制了倾听儿童,包括以个性化的方式支持他们发展的可能性。相反,在考虑具体情境的基础上灵活处理的做法则很受推崇。在实践中,这意味着幼儿园的文化,诸如言明的和未曾言明的规则、规范和价值会因执教教师的不同而不同。

因此,幼儿园的文化作为童年生活的情境必然是多样的、变动的和不连续的。参与式观察只能让你通过捕捉儿童之间、儿童和教师之间互动的某些瞬间,瞥见这些文化。然而这些惊鸿一瞥却是对童年的可能模样展开诚实描述的重要来源。如果我们依赖更为单一的幼儿园概念,将其作为童年生活的情境,那么诚实描述童年的模样将会是不可能的。

进入儿童的社会世界

为了瞥见这些多元的文化,将其作为诚实描述童年模样的基础,基本的条件是要进入儿童的社会世界。如果像我一样采用强调参与的参与式观察方法,这种进入就不仅是得到允许待在幼儿园的问题,而是得到允许参与其中,是得到儿童的信任,并且他们愿意和我打交道,让我参与他们的社会世界的问题。这就是本章接下来的部分要谈的。

镜头二

格丽特(Gritt)(一个女孩)和两个朋友邀请我和一些孩子一起参与他们的戏剧表演。我们坐在那里等着表演开始。然而这段开头却进展缓慢。他们先是协商布景在哪里,里面应该有什么,让谁去演。然后录音机又出了问题。直到现在,观众们(也是儿童)仍然表现得令人印象深刻地遵守纪律,但是他们也开始有点坐立不安了。格丽特转向我,对我说:"你必须让观众安静下来。""不,我自己就是一名观众。"我抗议道。可她不愿意放弃,继续说:"你是大人,所以你必须去做!""好吧,那我不想做大人了。"我尽力逃避。有那么一会儿,她放弃了,可是不久又转向我,带着指责的口吻说:"你看看那边,他们又喊又闹。"因为我还是没有对她的指责做出反应,她最终只好自己去安抚观众。然而,我能感觉到,她认为我辜负了她。

选择"最少成人角色"

我之所以像在镜头二中那样行动,是因为我尝试采用被称为"最少成人角色"的做法(Corsaro,1985;Mandell,1991;Eder,1991;Thorne,1993;Mayall,2000)。这种参与者角色的意思是,研究者尽可能以像孩子们那样的方式,努力参与到儿童在幼儿园的日常生活中,和孩子们做游戏,服从成人看护者的权威,放弃自己作为成人的权威和特权。我之所以扮演这样的角色,是因为我认识到成人和儿童通常的权力关系,以及在幼儿园特定环境中的权力关系,在某些情况下可能会成为进入儿童的社会世界的障碍(Mandell,1991)。

我选择这样的角色不意味着幻想要在研究过程中解除这样的权力关系,而是出于一种后结构主义的认识,即这种权力关系的意义和结果的不同和成人、儿童对待彼此的不同态度有关。在这一认识基础上,我认为一旦我选择不再充当"自然的成人角色",我和儿童的关系就是一个可以协商的问题。镜头二就可以看作大量此类协商中的一个例子,一个看起来不太成功的例子。因为格丽特似乎认为我辜负了她。不过后来,我还是获得了我努力逃脱"常规成人态度"的好处,因为其他儿童,过了一段时间后也包括格丽特,开始邀请我和他们一起玩,还告诉了我他们不会告诉"大人"的一些秘密(在丹麦,孩子们管早期儿童中心的工作人员叫"大人")。

如此看来，采用"最少成人角色"并不是件一步到位的事，而是需要持续努力。有些时候，对有些儿童来说似乎进展顺利，在另一些时候，对另一些儿童而言，却好像非常困难，不太成功。在下一个镜头中，采用"最少成人角色"就非常容易，没有遇到任何来自孩子们的抵制。

镜头三

所有人都在外面操场上，这时我听到一位老师，马丁（我用大写字母表示马丁是一位成人）大喊道："所有人必须去洗手，一分钟后我们在室内会合。""呃！"我听到操场上来自不同方向的回应。我自己也感觉有点懊恼，此刻阳光明媚，我正忙于对一些儿童的互动做观察。

在所有人都来到室内后，马丁说："坐下。今天你们要做的是根据颜色给乐高积木分类，红色的放在这个盒子里，白色的放在这个盒子里，蓝色的放在这个盒子里，黄色的放在这个盒子里。我会再给你们拿一个盒子，放不是乐高的东西。注意，把正确颜色的积木放在正确的盒子里。这可能有点难。"

我很惊讶。马丁在天气这么好的日子让我们回到室内，就是让我们按颜色给乐高积木分类吗？为什么乐高积木非得按颜色分类？我在笔记本上写下了大写的无聊和一堆惊叹号。

我们（孩子们和我）围坐在长长的椭圆形桌子旁。装乐高积木的盒子放在桌子中间。有几名儿童不离开椅子就无法够到盒子。有些孩子什么也不干，其他一些孩子要求注意存在的问题，但没得到任何回应。还有的孩子开始玩起乐高积木来。一个孩子开始看书,但被告知她必须给乐高积木分类。最后,大多数孩子明显厌烦了。他们在椅子上扭来扭去,打闹,尝试溜走,玩"放屁游戏"(看谁能放出声音最响、时间最长的屁),编有关谁放屁了的歌。我也觉得很厌烦。

突然,在毫无计划的情况下,我和一些孩子玩起了"魔法游戏"。我们用想象中的魔杖轮流完成彼此越来越古怪的愿望。这个游戏的很多乐趣来自想出尽可能古怪的愿望。做点事,对抗无聊和厌烦,这感觉很好,不过也有点危险。如果马丁意识到我参加了这个蓄意破坏他的乐高分类活动的游戏,会发生什么呢?

参与的立场:机会和经验

我参与到孩子们破坏马丁安排的游戏中是未经计划的。这种情况之所以出现只是因为我处于和儿童相似的立场。在那种情况下,我感到我要服从的是我既不理解,也不想达到的要求和规则。为此,我用可能被看作有点孩子气的反抗方式做出了回应。我玩的"魔法游戏"借助快乐和魔幻的力量让那种情况变得有意义,并反抗权力的压制。

对参与"魔法游戏"的儿童来说,或许对马丁来说也一样,这种把控制权交给我内心中孩子的一面,交给那一刻的经验立场,成了一个重要的信号,表明我和通常的成人角色不同。从机会的角度看,这可能是有益的,也可能是起反作用的,究竟如何,取决于人们是否把儿童或成人工作者看作儿童的社会世界中最重要或最关键的守门人。在本案例中，事实证明是有益的，因为马丁并没有因为我的破坏行为而惩罚我，而我的游戏伙伴们事后对我的在场和参与也越发信任。这个故事说明参与者的角色和进入儿童的社会世界的机会，不只是口头的和有意识协商的问题，也可能是悄无声息的更加直观的协商或建构过程。

此外，这件事也让我反思你所经历的东西是如何的取决于你在经历它的时候所处的位置。如果我像"正常的成人"那样采取行动，如果我没有参加"魔法游戏"，而是帮助马丁维持秩序，那么毫无疑问我会以一种不同的方式经历这一情境。我可能就不会感到无聊，肯定既不会感受到"魔法游戏"带来的自由，也不会害怕马丁会意识到我破坏了他的乐高分类活动而惩罚我。

我的观点是，当一个参与者把自己摆在类似儿童的位置时所获得的经验和采用一种更类似通常的成人立场时所获得的经验是不同的。这不是说我的经验和儿童的经验完全一样，我甚至怀疑即便所有的儿童都经历这一情境，他们经历的方式也是不一样的。但是，我确实认为从类似儿童的立场出发获得的经验比起从传统的成人角色出发提供了一个更好的起点，让我们可以尝试去解释儿童的反应，询问有意义的问题，提供"对童年可能模样的描述"（James，1996，p315）。

和孩子们一起努力

和儿童一起研究

在本章开头我就表达了，我倾听儿童的目的是让儿童表达他们对于早期儿童机构中日常生活的感知，并在此基础上发掘儿童视角下理想的儿童生活，以及促进或阻碍这种理想儿童生活实现的条件。带着这样的目的，我把我的研究置于新的儿童研究范式中，它强调代际秩序，并在此基础上区分对儿童的研究与和儿童一起研究。代际秩序的概念和对童年的某种社会建构相连，它认为儿童和成人比起来是无能的、不可靠的和发展不完全的，这样一来，就把儿童在儿童和成人的权力关系中置于不利地位。对儿童的研究把这种社会建构视为理所当然；和儿童一起研究则对它提出挑战（Mayall，2000；Alanen，2001）。如此一来，和儿童一起研究，倾听儿童的初衷就既是民主的——让儿童表达他们的观点，同时也是认识论的——"关于童年，最好的资料一定来自儿童的经验"（Mayall，2000，p121）。

受到这种看法的激励，埃尔德森（Alderson）已经指出，儿童应当参与研究过程的所有阶段，从构想和设计，经数据生成[1]，再到数据

---

1 我更喜欢"数据生成"这一术语，而不是"数据搜集"，因为后者表明的是一种实证主义或现实主义的认识论，假设数据就在那里，只等研究人员去取。相比之下，我使用"数据生成"这一术语，意在强调建构的一面：不管研究者接受与否，数据都是在研究者和被研究者之间的互动中生成的。此外，在数据生成阶段也涉及解释，这样就很难在数据搜集和"第一次"分析之间做出严格区分，这甚至是不可能的（Burr，1995；Kvale，1995；Chia，1996；Gubrium and Holstein，1997；Czarniawska，1998）。

分析和研究发现的传播（Alderson，2000）。研究者的角色则变为儿童的促进者、研究伙伴。尽管我还从未见过这种儿童卷入研究所有阶段的理念在实践中充分实现，但我发现它依然是一种富有启发和挑战的理念，值得我们去反思。

儿童参与

在我的研究项目中，我没有让儿童参与研究目标的决策。是我，而不是儿童，决定了主要的研究问题是理想的儿童生活，以及促进或阻碍这种生活的条件。我甚至没有告诉所有的儿童研究的目的，或者我是一名研究者。这并非因为我不想让儿童知道，或者这样一来我就能做纯粹客观的研究。相反，我实际上想让儿童知道我是谁，我在做什么。从原则上来讲，我发现这是最符合伦理的实践。我只是不确定给出这些信息是不是对我比对儿童更有益处。或许从他们的角度看，这些信息并不重要，而告诉他们这些信息却会打扰他们正在做的事，这些事对他们而言可能才是重要的。如此一来，那些原则上看起来最符合伦理的做法可能结果上却是最不符合伦理的。这对我来说的确是一个很大的问题。我的选择是如果他们问起，我就告诉他们。有些孩子的确问了，而其他孩子对于我的在场则根本不感兴趣。

说不让儿童参与决定研究的目标，并不是说儿童不同意我们选择的目标。相反，就如同我在本章前面所说，研究儿童对于理想的儿童生活的感知，以及促进或阻碍这种生活实现的条件，可能是和儿童共同努力的首要且决定性的一步。一名5岁男孩借助他对于我的研究重点的如下评论支持了我的上述说法:"那很好。大多数成人对于孩子以及是什么让他们感觉幸福了解不多。"对这一评论,我真的感觉很好、很满意,直到现在也是如此。

在下一个阶段,也就是设计阶段,大家可能会认为我实际上确实让儿童参与了,至少是在某种程度上参与了,因为我没有采用预先设定的理想儿童生活概念。恰恰相反,我一步一步地在我参与儿童日常生活,以及我的经历、观察和与儿童对话的基础上,建构、解构并改变了这一概念。通过这种方式,我让儿童在我倾听他们的时候参与了研究设计。

在数据生成阶段,我也让儿童参与了,不过只是在有限的程度上,也并非毫无保留。我邀请他们帮助我理解我所看到的、听到的和经历的。例如:"我看到你哭了,你觉得伤心吗?"或者"你看起来很高兴,给我讲讲吧!"。我不只是观察,还和孩子们谈论我看到的东西。有一段时间,我还拍照,以及录制儿童日常生活片段的视频,然后请孩子们给我讲讲照片和视频片段上的事。这是邀请他们告诉我他们的生活和看法的另外一种方式,不过照片是我选的。如果有儿童让我拍照或者记录某些东西,我当然也会照做。但是儿童选择是例外,而不是常规。当有些儿童问我他们能不能借我的录像机时,我不敢让它离开我的视线。

我还做了其他一些事,一些我事先根本没想过的事,不过这些事情发挥了很好的作用,成为至少某一些儿童参与研究的机会。我所做的非常简单。当我观察儿童的时候,我坐下来在我的笔记本上做笔记。这引起了一些儿童的好奇。他们问我在做什么，我回答说："我正在把孩子们做什么、说什么写下来，好去了解儿童在幼儿园里的生活。我想要了解是什么让孩子们开心，是什么让他们难过或生气，什么对他们来说是重要的，以及他们的看法。"这种情况第一次发生的时候，那个问我的男孩只是回答说："嗯……"然后就走开了。我想："哦天哪，我真是不擅长教学。那对他来说太啰唆了。他没听懂。"我怕他再也不想和我说话了，但是我错了。后来，他一次又一次地过来告诉我他的经历，还有他对不同问题的看法，而且他还邀请我加入他和他的朋友们。有时他告诉我："把这个或者那个写下来。"此外，他还告诉了他的朋友们我是干什么的。

逃避的儿童

上面关于那个男孩的故事说明，得到孩子们的信任，再借此了解他们的观点实际上有多么容易。我为此感到特别高兴，但只过了一会儿我就意识到，我和所有儿童的关系并非都是如此。意识到这一点后，我决定格外努力去接触那些自己不来接触我的儿童。但对某些儿童而言，这并不容易，因为当你问他们点什么的时候，他们只回答几个字。通过对他们的互动的观察，我发现他们彼此之间说话也不多；他们只说那些他们玩的游戏中必须说的话，并不会为了谈话而谈话。

换言之，他们是"行动派"，而不是"空谈家"。如果我参与其中，话不太多，他们会接受我的存在。但是如果我开始问问题，并且这些问题并非游戏的一部分，他们就会转身走开。结果就连观察也不可能了，因为他们已经走开了。如果我想要了解他们的观点，我就必须通过参与去了解。参与到这些儿童当中，我学到很多，例如怎样避开老师的视线，这里所谓避开老师的视线既是真实意义上的，也是象征意义上的。在这种情况下，采用（并争取）"最少成人角色"在进入这些儿童的社会世界方面甚至更加重要，因为许多情况已经证明了，他们在让自己在成人面前隐身方面拥有出色的技能。

尽管我通过参与了解了很多这些孩子的观点，但我不确定该怎样以一种有效的方式呈现这些观点。我从这些孩子那里没有听到许多，我也不敢讲述我参与到他们那（隐形的）社会世界所看到的故事，因为我觉得那样做是不道德的，会破坏我和那些孩子之间的默契。我所做的就只是在非常抽象的水平上报告我对他们的视角的解释；然而，我本来更喜欢"更为具体的东西"。我曾经想让他们画画，但这些孩子中有许多也不喜欢画画。

和儿童一起努力分析和传播研究发现

在最终的分析阶段，我想要和有关意义、意图、自由选择、个别性和多样性的日常经验拉开点距离，目的是去分析儿童小组内部相同的一般特征，还有儿童之间有差异的一般特征，进而把那些相同和有差异的特征与具体且更广泛的背景联系起来。换言之，我想要把儿童在幼儿园获得他们理解的理想生活的条件、可能及障碍客观化，并借此政治化。我把这看作"和儿童一起努力"的方式，而不仅仅是倾听[1]。

在传播我的研究发现的时候，我"和儿童一起努力"的方式就是（尽量）讲好故事，鼓励听众理解我正在谈论的儿童，同时让那些促进或阻碍儿童过上良好生活之努力的具体而广泛的背景清晰可见。

代表儿童究竟可不可能？

上述有关逃避的儿童的故事暴露出一个更具一般性的关键问题，它或多或少已经成为这一整章的焦点，也是这类新型儿童研究中不容忽视的关键问题：表征儿童的经验和观点究竟是否可能，以及如何可能。

如果表征意味着一种中立、客观、本质的反映，我怀疑这是否可能。我的怀疑既是本体论上的，也是认识论上的。在本体论上，我怀疑儿童经验和观点当中的本质是否存在。儿童彼此之间是不同的：对一个孩子而言重要的东西对另一个孩子可能不那么重要。此外，儿童的经验和观点（确切地说成人的也一样）会随时间的改变而改变，会随着具体而广泛的情境的改变而改变。我们所可能建构出的也只是不同的情境，在与不同的自身、社会、文化影响互动时如何使某种经验比其他经验更有可能形成。在认识论上，我怀疑中立

---

1 在另一个关于寄养儿童的研究项目中，我让儿童参与了客观化分析阶段。在这个项目中，我综合使用了个别深度访谈、焦点小组访谈和线上论坛来进行经验的讨论和比较。参与项目的是8岁及以上的儿童。已经有一篇丹麦语的作品发表（Warming, 2005）。一篇英文论文正在准备中。

和客观的知识是否可能存在。我们无法摆脱某个陈述中所陈述之事上有陈述者的印记。换句话说，知识总是某种视角的产物，这并不是说知识无关紧要，也不是说各种各样的知识都同样重要和有效。

那么问题是我们怎么能做出重要而有效的研究，让儿童的成百上千种语言得以表达。在本章中，我已经讲述了我在采用注重参与的参与式观察作为我倾听儿童多种语言的方法这方面所做的努力和反思。参与儿童的日常生活不仅能让人们认真倾听儿童使用言辞以及肢体语言说了些什么，还能推动人们了解儿童的文化，熟悉儿童的生活世界，让人们可以提出更好的问题，以及更好地解释儿童的言行。因此，参与式观察如能加以改进，就能够成为供实践者和研究者采用的方法。

不过，我的反思中有一个重要的关键点是，经验和知识都是有立场的，是在关系中产生的。我们的参与者角色是要不断协商的，不仅是口头上外显的协商，而且是以沉默、直觉且经常是由制度化的角色所塑造的未被公开承认的方式进行的协商。如果参与式观察是被已经在这样的领域扮演角色——例如做老师的——的人采用作为倾听的方法，那么意识到这一点尤为重要。

我的确相信，如果倾听不仅用耳朵，而且用上所有感官的话，听见儿童不同的声音和观点是可能的。但重要的是要认识到，听见和表征都是被建构的过程。因此，受贾（Chia，1996）的启发，我建议在用所有感官倾听儿童不同的、情境化的声音的基础上，用"反思性再呈现"的努力替代表征的虚幻野心。

在本章中，我已经讨论了强调参与和具身经验的参与式观察，是一种"运用所有感官倾听"的方式。我相信这种参与式观察能从其他方法，例如，使用一次性相机[1]那里得到有用的补充，因此我同意克拉克的观点（Clark, 2004；也见本书第三章），考虑到儿童的差异，采用多元方法策略整合优势是合适的。此外，我已经提出，超越单纯倾听，"和儿童一起努力"可能要涉及对于具体而广泛的情境进行客观化分析，因为儿童的童年属于那些情境，并且是那些情境的建构过程的一部分。

我在前面引用了贾的术语"反思性再呈现"，因为认同陈述中所陈述的东西总是反映某种视角，并具有建构的特征。接下来，我尝试寻找一些再现方式，让诸如叙述、绘画、戏剧表演和照片这些儿童自己的表征，和客观化的分析一起，都成为理查德森（Richardson, 2000）所谓"晶体式再现"的一部分。晶体式的呈现并不宣称讲出了全部和唯一的真相，它试图呈现的是对同一事物的不同的、不必然是一致的视角。这样的表征有可能表达出儿童视角的多元、变化，及其社会、文化和历史背景的痕迹，从而挑战我们通常持有的过于简单化、想当然的童年形象。这样一来，它们就有可能启发那些从事儿童工作、关心儿童生活经验的人去反思。

---

[1] 在回顾中，我认为相机或其他技术本来是可以使用的。我很遗憾我没有抓住机会使用摄像机，我真希望我能买些一次性相机，这样我就可以放心地让孩子们自己去拍照片了，特别是当我知道其他研究者已经发现一次性相机非常有用时（参见本书第三章，以及 Clark et al, 2003）。

参考文献

Adler, P. and Adler, P. (1987) *Membership roles in field research: Qualitative research methods series (Volume Six)*, Thousand Oaks, CA: Sage Publications.

Alderson, P. (2000) 'Children as researchers', in P. Christensen and A. James (eds) *Research with children: Perspectives and practices*, London: RoutledgeFalmer, pp 241-57.

Alanen, L. (2001) 'Explorations in generational analysis', in L. Alenen and B. Mayall (eds) *Conceptualising child–adult relations*, London: RoutledgeFalmer, pp 11-22.

Atkinson, P. and Coffey, A. (2000) 'Revisiting the relationship between participant observation and interviewing', in J.F. Gubrium and J.A. Holstein (eds) *Handbook of interview research: Context and method*, Thousand Oaks, CA: Sage Publications, pp 801-14.

Atkinson, P. and Hammersley, M. (1998) 'Ethnography and participant observation', in N.K. Denzin and Y.S. Lincoln (eds) *Strategies of qualitative inquiry*, Thousand Oaks, CA: Sage Publications, pp 110-13.

Bech-Jørgensen, B. (1990) 'What are they doing, when they seem to do nothing?', in J. Ehrnrooth and L. Siurala (eds) *Construction youth*, Helsinki: WAPK- Publishing.

Bech-Jørgensen, B. (1994) *Når hver dag bliver hverdag (When every day becomes everyday*), Copenhagen: Akademisk Forlag.

Bo, I.G. and Warming, H. (2004) 'Recognizing the power of recognition – different practices in social work with children and youth', Revised edition of paper presented at ISA's RC26 Conference 'Social Capital and Social Trasformation in the Age of Globalization', Lesvos, 11-14 June.

Bourdieu, P. (1990) *The logic of practice*, Cambridge: Polity Press.

Bourdieu, P. (1992) *An invitation to reflexive sociology*, Cambridge, Oxford: Polity Press.

Bourdieu, P. (1998) *Practical reason: On the theory of action*, Cambridge: Polity Press.

Bourdieu, P. (1999) *The weight of the world: Social suffering and impoverishment*, Cambridge: Polity Press.

Burr, V. (1995) *An introduction to social constructionism*, London: Routledge.

Chia, R. (1996) 'The problem of reflexivity in organizational research: towards a post-modern science of organization', *Organization*, vol 3, pp 31-59.

Christensen, P. and James, A. (eds) (2000) *Research with children*, London: RoutledgeFalmer.

Clark, A. (2004) 'The Mosaic approach and research with young children', in V. Lewis, M. Kellett, C. Robinson, S. Fraser and S. Ding (eds) *The reality of research with children and young people*, London: Sage

Publications, pp 142-61.

Clark, A., McQuail, S. and Moss, P. (2003) *Exploring the field of listening to and consulting with young children*, Research Report 445, London: DfES.

Corsaro, W. (1985) *Friendship and peer culture in the early years*, Norwood, NJ: Ablex.

Corsaro, W. (1992) 'Interpretive reproduction in children's peer cultures', *Social Psychology Quarterly*, no 55, pp 160-77.

Corsaro, W. (1993) 'Interpretive reproduction in children's role play', *Childhood*, vol 1, no 1, pp 64-74.

Corsaro, W. (1997) *The sociology of childhood*, Thousand Oaks, CA: Pine Forge Press.

Corsaro, W. and Molinari, L. (2000) 'Entering and observing in children's worlds', in P. Christensen and A. James (eds) *Research with children*, London: RoutledgeFalmer, pp 179-200.

Czarniawska, B. (1998) *A narrative approach to organization studies*, Qualitative Research Methods Series 43, Thousand Oaks, London, New Delhi: Sage Publications.

Danmarks Statistik (2004) *Danmark i tal* (*Denmark in numbers*), Copenhagen: Danmarks Statistik.

Danmarks Statistik (2005) 'Pasningsgaranti' ('Day care guarantee') (www.dst.dk/ pasningsgaranti).

Eder, D. (1991) 'The role of teasing in adolescent peer grooup culture', *Sociological Studies of Child Development, vol 4: Perspectives on and of children*, pp 181-97.

Foucault, M. (1979) *The history of sexuality: An introduction*, London:Allen Lane.

Foucault, M. (1986) *The history of sexuality:The use of pleasure*, London: Viking.

Foucault, M. (1988) *The history of sexuality:The care of self*, London:Vintage Books.

Foucault, M. (1997) *Madness and civilization: A history of insanity in the age of reason*, London: Routledge.

Geertz, C. (1984) 'From the native's point of view', in A. Shweder and R.A. LeVine (eds) *Culture theory: Essays on mind, self and emotion*, Cambridge: Cambridge University Press, pp 123-36.

Goffman, E. (1971a) *Asylums: Essay on the social situation of mental patients and other inmates*, Harmondsworth: Penguin.

Goffman, E. (1971b) *Relations in public: Micro studies of the public order*, London: Allen Lane.

Goffman, E. (1986) *Frame analysis: An essay on the organization of experience*, Boston, MA: Northeastern University Press.

Goffman, E. (1990) *The presentation of self in everyday life*, Harmondsworth: Penguin. Gubrium, J.F. and Holstein, J.A. (1997) *The new language of qualitative method*, New York, NY: Oxford University Press.

Hastrup, K. (1995) *A passage to anthropology: Between experience and theory*, London: Routledge.

James, A. (1996) 'Learning to be friends. Methodological lessons from participant observation among English schoolchildren', *Childhood*, vol 3, pp 313-30.

James, A., Jenks, C. and Prout, A. (1998) *Theorizing childhood*, Cambridge: Polity Press.

Jensen, A.M., Ben-Arieh, A., Conti, C., Kutsar, D., Nic Ehiolla Prádraig, M. and Nielsen, H.W. (eds) (2004) *Children's welfare in ageing Europe, Vol I & II*, Tartu: Tartu University Press.

Jensen, J.J. and Hansen, H.K. (2003) 'The Danish pedagogues – a worker for all ages', *Children in Europe*, no 5, pp 6-9.

Kampmann, J. and Nielsen, H.W. (2004) 'Socialized childhood: children's childhoods in Denmark', in A.M. Jensen, A. Ben-Arieh, C. Conti, D. Kutsar, M. Nic Ehiolla Prádraig and H.W. Nielsen (eds) *Children's welfare in ageing Europe, Vol I & II*, Tartu: Tartu University Press.

Korintus, M. and Moss, P. (2004) 'Work with young children: a case study of Denmark, Hungary and Spain' (available at www.ioe.ac.uk/teru/carework.htm).

Kvale, S. (1995) 'The social constructoin of validity', *Qualitative Inquiry*, vol 1, no 1, pp 19-40.

Lov om Social Service (Law about Social Service), revised December 2004 (www.minft.dk/1/lovservice/2004-134-175-1120-1121/1).

Mandell, N. (1991) 'The least-adult role in studying children', in F.C. Waksler (ed) *Studying the social worlds of children: Sociological readings*, London: Falmer Press, pp 38-59.

Mayall, B. (2000) 'Conversations with children: working with generational issues', in P. Christensen and A. James (eds) *Research with children*, London: RoutledgeFalmer, pp 120-35.

Moss, P. and Petrie, P. (2002) *From children's services to children's spaces: Public policy, children and childhood*, London: RoutledgeFalmer.

Nielsen, H.W. (2001) 'Børn i medvind og modvind: en relational analyse af børns livtag med livet i det refleksivt moderne' ('Children facing support and opposition: a relational analysis of children's struggles in their everyday life in the reflexive modern society'), PhD thesis nr 27/2001, PhD series 'Comparative welfare systems', Roskilde University [the thesis is in Danish, but there is an abstract in English].

Opie, I. and Opie, P. (1982) 'The lore and language of schoolchildren', in C. Jenks (ed) *The sociology of childhood – Essential readings*, London: Batsford, pp 173-80.

Opie, I. and Opie, P. (1991) 'The culture of children 1: Introduction' and 'The culture of children 2: Half-belief', in F.C. Waksler (ed) *Studying the social worlds of children: Sociological readings*, London: Falmer

Press, pp 123-44.

Richardson, L. (2000) 'Writing: a method of inquiry', in N.K. Denzin and Y.S. Lincoln (eds) *Handbook of qualitative research* (2nd edn), London: Sage Publications, pp 923-43.

Sacks, H. (1991) 'On the analysability of stories by children', in F.C.Waksler (ed) *Studying the social worlds of children: Sociological readings*, London: Falmer Press, pp 195-215.

Sutton, J., Smith, P. and Swettenham, J. (2004) 'Social cognition and bullying: social inadequacy or skilled manipulation?', in V. Lewis, M. Kellett, C. Robinson, S. Fraser and S. Ding (eds) *The reality of research with children and young people*, London: Sage Publications, pp 44-60.

Thorne, B. (1993) *Gender plan: Girls and boys in school*, New Brunswick, NJ: Rutgers University Press.

Warming, H. (2003) 'The quality of life from a child's perspective', *International Journal of Public Administration*, vol 26, no 7, pp 815-29.

Warming, H. (2005) *Har andre plejebørn det som mig?* (*Do other children in foster care feel the same way as I do?*), Copenhagen: Frydenlund.

Warming, H. and Kampmann, J. (2005) 'Children in command of time and space?', in H. Zeiher, H. Strandell, D. Devine and A.T. Kjørholt (eds) *Children's times and space: Changes in welfare in an intergenerational perspective*, Odense: Syddansk Univeritetsforlag.

5. 从儿童的视点出发：
认识论与伦理挑战

布里特·约翰娜·艾德、妮娜·温格

挪威早期儿童服务的发展落后于临近的丹麦和瑞典，反映了以农村为主，工业化程度相对较低的社会现状。但近年来，此类服务快速增长，截至2003年，已有三分之二（69%）的1—6岁儿童接受公共资助的早期儿童服务，大多数情况下一天要在那里度过6—9小时。

像其他斯堪的纳维亚国家一样，挪威非常重视儿童的权利。挪威是第一批拥有儿童委员会（或ombudsman）的国家之一。委员会于1981年建立，享有世界声誉。如今在学校和早期儿童服务中都非常强调倾听儿童。本章探讨了和儿童交谈，了解他们的观点的各种各样的方法，也探讨了需要何种条件，包括需要成人具备何种能力，需要考虑的伦理问题，尤其是，是什么赋予成人寻求儿童的看法和观点的权利。

我起初待在游戏场，然后进了一家儿童照护机构，现在我在幼儿园，之后我会上学，再之后就去工作，然后我不再工作了，我会整天无事可做，因为我老了——汉斯，6岁。（Eide and Winger, 1995, p25）

我们在若干年前遇到汉斯,那时我们访问了一些挪威的幼儿园(førskoleklasser)[1]和小学,就儿童对参与、归属和照护的经验及想法对他们进行访谈(Eide and Winger, 1994, 1995, 1996, 1999)。汉斯对于他的从前、现在和未来生活的想法是表明儿童能够提供给我们高质量的反思和描述的众多案例之一。我们认为他对于他在机构生活中地位的观点是最有趣、最引人深思的。

一名城市幼儿园(barnehage[2])中的小女孩(莫妮卡,4岁)对于照护质量做了些观察。她已经认识到,在她所在的中心里有几类不同的成年人:"没有那种关心儿童的成人,只有那种照顾儿童的成人。"(Eide and Winger, 2003, p135)。换言之,她有一种理念,即有些工作者关心儿童,而另外一些只是因为他们的工作是照顾儿童而在场。莫妮卡颇为深刻的反思代表了一种视角,一种如果我们不专门去询问儿童对于照护的想法的话,我们作为成人可能就不会了解的一种视角。与此类似,我们在研究期间遇见的其他儿童,也让我们懂得了我们作为研究者未曾理解的事情和观点。

幸运的是,近年来在研究和实践中在如何认识儿童方面已经发生了重大变化。儿童越来越被看作参与者和行动者。这和联合国《儿童权利公约》(1989)以及当前有关童年的科学理论(例如,

---

1 førskoleklasser 是学校当中为 6 岁儿童开设的幼儿园班级,1997 年,因为学校入学年龄从 7 岁降至 6 岁而取消。
2 barnehage 是挪威早期儿童机构中的主要类型之一,为出生第一年至 6 岁的儿童提供服务,通常全天开放,全年无休。

Qvortrup, 2000; Cannella, 1997; Dahlberg et al, 1999; Alderson, 2000; Jenks, 2000; Nilsen, 2000; Christensen and James, 2000; James et al, 1998; Kjørholt, 2001; Halldèn, 2003）是一脉相承的。这种"新范式"强调儿童的参与权，挑战我们去反思我们此前的观点，质疑早期儿童教育领域已有的理论、实践和研究方法论。它呼唤新的观点和路径。这种解构又重构的过程可能要求很高，因为这意味着我们可能不得不改变我们的基本理解。

在我们的研究中，我们已经关注"参与中的儿童"很长时间了，最近对于和这种儿童研究新话语有关的方法论问题特别感兴趣。通过我们的研究，我们对于从儿童自身视角出发所经历和解释的日常生活已经了解了很多（Eide and Winger, 1995, 1996, 2003）。我们的经验是，关于儿童在早期儿童机构中的日常生活，他们能够给予我们非常充分的信息。和儿童交谈打开了我们的眼界，经常让我们重新思考我们对于教学实践和知识的想法。如果给儿童机会去谈论和讲述他们的故事，我们相信我们会受到启发，有时甚至会感到惊讶。然而，支持儿童"表达看法"，倾听他们并且对他们的故事报以真正的兴趣也提出了许多重要的问题。

在本章中，我们会把注意力放在早期儿童服务和儿童研究领域中，从儿童的视点出发探求知识时遇到的一些挑战和两难。就如前面提及的，我们置身于儿童研究领域，因此我们是从"外部"立场出发和儿童相遇的。从个人角度看，我们不了解我们的信息提供者，他们也不了解我们。就如我们将会在本章讨论的，我们因此在接触儿童和他们的机构环境时必须非常敏感、小心。约翰逊（Johansson，2003）曾提到，在探寻儿童的视角时，一名教师的立场在某些方面和研究者的立场是不同的（参见第四章第89页的脚注对教师专业的讨论；在挪威幼儿园中受过训练的工作人员被称为pedagogisk leder）。教师在行事风格上往往是"规范的"和有教育意义的，而研究者的工作则是描述性和分析性的。

即便如此，在倾听的过程中，无论你是教师，还是研究者，面对儿童时都要建立起一些基本的关系特质。尽管在这两种情况下，采取的形式、置身的环境及得到的时间都可能有所不同，但主要的目标都是从儿童的视点出发了解他们对于生活更充分、更高质量的看法，从而使成人获得信息和启发。无论是在早期儿童机构，还是在学校，都只有儿童才知道在他们的具体环境里作为一个儿童是怎样的经历。而且我们认为不管是幼儿教师、学校教师还是研究者，都要求对儿童具有同样的、基本的敏感和尊重。因此在本章，尽管我们的参考框架主要来自儿童研究领域，但我们不会在日常谈话和儿童访谈之间进行硬性区分。

寻求儿童的视角意义何在？

由于对童年在理念上和理论上的持续重构，近来人们越来越关注，我们应当如何判定什么对儿童而言才是"最好的"安排，谁最适合对此做出决定。赋予儿童参与权的同时，也要求我们承担起寻求他们自己的观点和经验的义务。

有人可能会说，这种新方式毕竟也没有那么新。在斯堪的纳维亚的早期儿童服务领域，我们长期支持儿童的福祉和发展是主要目的的教育理念。许多专业人士宣称，他们已经在寻求儿童的视角了，他们以多种方式在做儿童的发言人，已经在尝试创设代表儿童兴趣的高质量的教育环境。情况可能确实如此。但是从不同立场出发，所谓"最好的"未必就一样（Katz，1993）。我们成人认为是"儿童的视角"的未必就和儿童自己的视点或视角一样。然而"传统上，童年和儿童的生活都只能通过他们的成人照护者的观点和理解来探究"（Christensen and James，2000，p2）。时至今日，儿童的视角应该向我们表明儿童也做出了他们自己的贡献（Halldèn，2003）。他们的故事必须被听到。我们必须让儿童自己从"自下而上"的角度去了解世界是什么样子（Katz，1993）。

这当然不意味着总是要把儿童的声音当成最重要的，或者最有资格予以考虑的态度，或者总是应当把源自儿童视点的知识放在有关质量或革新过程的讨论的突出地位。而是说应当把儿童能够告诉我们的东西，和其他教育情境中有关日常生活、学习过程的看法放在一起予以考虑。这当中也有一个重要问题，即并不存在一个真正的儿童视角（也见第四章）。身处不同社会、文化地位和情境中的儿童代表着多样的童年和观点。因此，当我们谈论儿童的视角时，我们必须对其情境和关系方面保持敏感，特别是在我们不熟悉儿童的文化或语言的时候。例如，对一些儿童而言，以口头的方式暴露他们自己的态度可能看起来一点都不自然（Viruru，2001）。

这里面突出的问题是怎样才能给儿童机会,让他们在有关他们日常生活经验的问题上成为建构的参与者和有能力的信息提供者。换言之,我们在如何以尊重和严肃的方式寻求来自儿童视点的知识方面需要更多的知识。

在儿童研究中和儿童交谈对我们而言既是保障,也是挑战。因此,人们现在越来越关注方法论问题,关注怎样以一种胜任和尊重的方式与儿童交谈(例如 Tiller, 1991; Skoglund, 1998; Christensen and James, 2000; Jørgensen, 2000; Coady, 2001; Eide and Winger, 2003; Halldèn, 2003; Johansson, 2003; Grover, 2004)。还有一场讨论是关于如何从儿童的视角看待信息的,因为倾听儿童是件复杂的事:"倾听儿童、听见儿童和按儿童所说的行动,是三种非常不同的活动,尽管它们中有些活动常常被省略,就好像它们之间并没有什么不同。"(Roberts, 2000, p238)。

因此,探寻儿童的视角既涉及对于儿童在社会中的地位和作用的一般理解,也涉及对于儿童在早期儿童机构(和其他机构)中的地位和角色的特殊理解,而且两者是紧密相连的。

探寻儿童视角在理念和形式上的合法性

《日托机构规划框架》(Norwegian Ministry for Children and Family Affairs, 1995)和《十年义务教育学校课程》(Norwegian Ministry of Education, Research and Church Affairs, 1996)是规范挪威早期儿童服务和学校的官方文件,它们当中都规定幼儿教师和中小学教师有

义务在计划和评价其工作的时候考虑儿童的观点。例如，《日托机构规划框架》中指出，"儿童的视角必须贯穿在日托机构所有规划当中……应当让儿童能够参与评价他们自己的游戏和学习环境，应当严肃对待他们的想法"（pp10，74），《十年义务教育学校课程》中也说，"学生"在他们自己的学习中，和在学习活动规划中是积极主动的，教师不能忽视学生的观点。学生、教师和学校管理者之间的合作对作为学习环境和工作场所的学校而言至关重要。如果要把学生纳入社会、学术和文化共同体中，让他们直面和他们的能力、兴趣一致的挑战的话，工作人员就必须合作："必须在学校的学生和成人之间建立良好的信任关系和合作的常规。"（p62）。涉及的每个人都必须参与其中，彼此学习，协同努力。

在学校，聚焦于学生的视角所带来的结果之一，是在学生和教师之间产生了一种特殊的会话或谈话，称为学生会话。这种会话大多在中学运用，能够发挥多种功能。例如，使用这种会话的目的是评价教师的教和学生的学，或者是让学生积极参与规划他们自己的学习环境（Fuglestad，1998）。但是这种教师和学生之间的对话在小学也已经越来越普遍了。一篇文献中描写了计划会话的使用，在计划会话中，教师和学生谈论在接下来几周，为了实现整体的学习目标，学生要做些什么。其中使用的例子是一年级的会话，那会儿的学生大约6岁。（Sjøbakken，2004）

也有一些幼儿园教师和孩子们进行儿童会话。但总体来看，是每个机构的幼儿教师来决定他们实际上如何考虑儿童的观点。

我们有什么权利?

成人和儿童之间的关系总是不对等的。就如约翰逊（Johansson, 2003）所说，当研究者邀请儿童做访谈，或者教师想了解儿童对某一主题的看法时，都涉及权力问题。作为研究者、教师，我们必须意识到我们的责任，反复问自己：作为成人，是什么给予我们权利去搜寻儿童的视点？对我们而言，从他们的视点出发看现实真的可能吗？

我们已经得出结论，作为幼儿园和学校的教师，我们必须发现儿童的视点。作为研究者，我们也越来越需要搜寻儿童的视角。如果成人从来不去问儿童他们正在想什么，感觉怎样，或者他们的想法是什么，那么成人怎么能得到这些信息呢？因此，我们非常确定，我们需要这些信息。但主要的问题是，怎样得到这些信息。我们怎么才能从儿童那里得到这些信息，同时又不以任何方式伤害到他们，而是让他们感到放松，让他们知道他们对我们而言非常重要。

在我们作为实践者和研究者的工作中，我们的经验是：大多数儿童喜欢被询问，也喜欢讲述他们自己，讲述什么对他们来说是重要的。但是这取决于我们怎么去问他们，我们设法和他们建立起怎样的关系。

我们还发现，对身处后现代社会的儿童而言，成人所给予的严肃的关注非常重要。现在我们要更近距离地看一看，为什么说我们发现在教育教学情境中倾听儿童非常重要。

"听我说"

在西方社会，许多儿童的大部分童年时光是在公立照护和教育系统中度过的。这种童年的"机构化"构成了身份建构的具体背景。儿童小小年纪就成为正式协商框架的参与者，在公共领域中作为主体代表他们自己。他们不得不联系各种标准和交流模式来定义自己，这些标准和模式可能与他们在自己家庭环境中的经验一致，也可能不一致。

对后现代社会的儿童而言，最主要的挑战之一是寻求意义、归属感以及建构身份。当代西方社会中，现代的男男女女生活在复杂而快速变化的背景中。每一天，儿童都要面对生活诸多方面的多样性和复杂性。共同的标准不一定有，传统也并不总是能当作可供参考的功能框架。如今更多强调的是制订我们自己的标准，探索不同的生活方式（Giddens，1991）。我们看起来正在经历一种理所当然的丧失："现代的多元主义逐渐削弱了普遍意义上的'知识'。世界、社会、生活和个人身份越来越受到质疑。它们可能受到多重解释的影响，而每一种解释都拥有它自己的可以如何采取行动的视角。"（Berger and Luckman，1995，p40）。

我们不得不寻求、探索和创造我们自己的身份。因此，建构我们的身份成为一个持续、脆弱、可能很麻烦的过程（Giddens，1991）。身份建构有一部分是把自己定义为个体，表现自己的独特性，有一部分是通过协商成为某个社区的一员，或者在如今的语境下，是成为多元的社区或文化中的一员。尽管有贯穿生命历程的稳定要素，但身份总在变化，总是要重新定义："在这个意义上，身份总是处在形成中，而非存在着的状态。它是某种能够被重新形构的东西。"（Hockey and James，2003，p20）。这里的关键是，当如今的儿童越发被看作参与者，是他们"存在"的胜任的信息提供者时，他们在定义他们自己的未来身份，也就是定义他们的"成长"过程中也被赋予了更大的权力。这对儿童、照护者和社会而言是一个复杂的挑战。

儿童的意义和身份建构在某种程度上取决于他们的如下能力，即能够分辨、识别在不同环境中哪些标准和角色是适宜的、被期望的。这要求在定义情境和关系时要有敏感性和灵活性，还要具备一种以其他参与者认为适宜的方式采取行动的能力。这可能看起来会让许多儿童困惑，让身份建构既为人所迫切需要，有时又让人烦恼。

在如此不确定的情况下，我们同意兰德格（Landager，1999）的观点，即允许儿童探索不同的情境和解释，表达他们自己，并且交流观点和感受，这些是非常重要的。讲述你是谁，也就是呈现你自己、你的观点并且被他人听到，这是身份建构中最重要的问题之一。这反过来要求为儿童创造时间和空间，去表达他们自己并得到倾听，这是一个"为了尊重儿童的参与权，我们必须建立让儿童能够受到尊重的条件"方面的好例子（Mayall，2000，p132）。

但与此同时，还需要意识到"倾听的局限"。必须允许儿童不说话，不提供信息，不表达自己，不参与。倾听儿童是邀请儿童开放自己，但同时保护儿童免受操纵之间的平衡。

我们现在谈及的，是那些想要保护自己免受好奇的成人注意的儿童。尽管事先我们已经非常全面地告知对方有关信息，但一个正在接受访谈的5岁女孩还是需要对于参与研究项目进行更进一步的确认（Eide and Winger，1996，p102）。"你们打算过后用这个做什么？"在这一刻，她根本不相信人们关心的是她的兴趣。我们理解，她要说的是她不想所有人都知道她讲了些什么。我们不得不重复解释我们做访谈的目的，并再一次向她保证，我们不会告诉幼儿园里的大人们她跟我们说了什么，以及会如何使用这些信息。然后她觉得很满意，准备继续我们的谈话。

另一名8岁男孩已经接受了两次访谈，他对于他在一个纵向研究项目中要扮演的角色感到焦虑："现在你们已经访谈我两次了，这是最后一次吗？你们不会一直访谈我直到我参军吧？"（Eide and Winger，1996，p134）。他可能只是厌倦了访谈，也可能他是真的对于项目的长期特点感兴趣。

另一个6岁女孩，对于我们正在谈论的主题"游戏和全纳"感觉不太舒服。因此，她很快改变了主题，换成不那么有威胁性的主题。发型看起来是那会儿她更喜欢谈的话题："看我，我把我的头发弄卷了，就像麦当娜一样。"（Eide and Winger，1999，p111），于是，我们围绕发型和流行明星进行了愉快的交谈。

在类似这样的情况下，重要的是，要尊重儿童在令人不快的主题上不说话或不表达自己的权利，或者让儿童不会因此受到挑战。

作为研究者,我们非常同意佛格(Fog,1992)的观点,即搜集有趣的数据永远不应该比维护信息提供者的周全更重要。

意义与新知建构的环境

要增加和发展我们关于教育和其他机构,以及儿童在其中的地位的知识,重要的是要让所有层面上的参与者的声音都被听到,儿童也不应被遗忘。通过创设一个空间进行严肃的、互动的意义创造,我们建构起一种环境,成人在其中充分地关注儿童,并且让儿童知道他们表达的东西非常重要。无论是在个人层面还是在集体层面,被倾听并被听到对儿童的自我反思过程和身份建构而言可能都是非常重要的(Eide and Winger,2003)。

我们的经验是,那些在特定的机构环境中接受访谈的儿童会格外意识到他们的集体身份。例如,我们曾访谈一些儿童,看他们如何解释他们在幼儿园里的角色和地位。我们了解到这些儿童非常清楚他们的集体身份,他们作为"我们"的身份:我们6岁,我们是最大的孩子,我们是幼儿园学生(Eide and Winger,1996,2003)。他们的归属感看来很强,这对他们在特定环境里的集体身份而言非常重要。因此,在重构童年时,探寻儿童对其社会身份的解释是非常重要的。

在个体层面,根据儿童的地位、经验和自我反思能力的不同,接受访谈能够发挥许多作用。今天的儿童必须参与他们自己的学习过程并发挥积极作用。他们必须在复杂、快速变化的情境中和他人协商，其中很重要的是要展现他们自己的身份和个性。在这一过程中，和老师及其他在他们身边工作的成人相处，让他们感到他们既有趣又重要，这对孩子们来说是很重要的。经历过有人真正倾听自己的"自我呈现"和看法态度，或许正是儿童个人身份建构的核心。

作为成人，能有机会受邀进入儿童的世界可谓是一种荣幸，有时可能还有必要重新评估一下自己的意义建构。如此一来，儿童访谈对成人和儿童而言就都是一种丰富的经历。就如蒂勒（Tiller, 1991）观察指出的："儿童研究也是一场和儿童一起经历的发现之旅。"（p13；由作者翻译成英语）。从我们的经验来看，和幼儿交谈有意义、令人兴奋，有时也让人惊喜。源自儿童视点的故事和反思总是让我们惊叹，促使我们反思我们自己的视角。作为实践者和研究者，我们需要这样去纠正我们对于儿童和他们的环境的理解。

方法论反思

作为实践者和研究者，如果我们想要了解儿童的视点，我们就必须进行严肃的方法论反思，选择既合适又道德的方法。运用叙事方法可以让儿童讲述此时此刻对他们而言重要的东西。在这种情况下，由儿童来决定谈话的主题或者他们想要说些什么。

儿童和成人之间的日常会话

实践者可以使用的方法之一是儿童和成人之间的"日常会话"。幼儿园教师和学校教师都有机会在他们的工作中使用这些方法，而且这么做也是非常重要的。他们通过这些会话获得的信息对教师和儿童而言固然都很重要，但是成人如何使用这些信息也很重要。

儿童在和教师的私密谈话中讲述的事情在任何情况下都不能随意使用。如果成人想要将儿童的想法告诉别人，那么他们必须想到自己有责任让儿童保持匿名。而且，在没有让儿童参与的情况下，这些信息成人决不能想用就用。但是，如果要征得儿童的同意，又该怎么让他们理解呢？这对了解儿童的老师而言且是个问题，对不那么了解儿童的研究者而言问题就更大了。

这是一个伦理问题。对实践者而言，把儿童在私密情境下讲给他们的事告诉其他人，这在伦理上可接受吗？在有些特殊案例中，儿童感觉可以，这可能是儿童身份建构的一部分。在这些案例中，如果实践者在儿童同意的情况下，在和其他人的讨论中证实，儿童告诉自己的东西值得了解，那么就可以积极利用儿童的专长。儿童就能够被看作专家，他们也会把自己视为专家。

但是如果儿童感觉糟糕、不高兴，或者如果他们只是想让自己和群体里的其他儿童一样，而教师告诉了群体里的其他儿童，就会让他们显得与众不同，他们可能就会感觉不高兴。例如，儿童可能告诉教师，他们在家不庆祝圣诞节，他们对于自己不能像其他孩子一样收到圣诞礼物这点感觉很糟糕。在这个案例中，他们可能把自己当成群体中的另类，如果教师把这件事告诉了其他孩子，就进一步证明确实如此。从这个角度看，实践者在儿童的身份建构中既可能起到积极作用，也可能起到消极作用。在某些情况下，不询问儿童的想法，就无法确定怎么做才是合适的。

"实践故事"

除了教师和儿童之间的"日常会话"，在幼儿园里还会用到一种方法叫作 praksisfortelling（英语可以翻译成"实践故事"）："故事不同于观察和绘画，因为输出的结果是偶然的，而且是由故事讲述者自己的优先事项和视角决定的。"（Birkeland，1998，p49；由作者译成英文）

显然，如果儿童是故事讲述者，用这种方法就有可能聚焦儿童的视角。但是我们也会碰到和日常会话一样的问题。我们如何以一种符合伦理的方式使用这些信息？我们怎样才能以一种考虑了故事讲述者意图的方式解释幼儿讲述的故事？儿童在讲故事的时候总是出于某种意图吗？可是如果我们要把故事用作了解儿童视点的信息，我们就必须去解释它。另一个问题是，儿童能否理解成人会在另外的环境中，或者出于其他目的使用他们的故事？如果不能的话，使用他们的故事在伦理上站得住脚吗？这是真正的问题。

关于方法我们已经说得太多了。现在我们转向集中探讨我们最常用、最了解的方法。

质性儿童访谈

我们发现质性访谈特别适用于探讨儿童的视角。从我们的经验来看，邀请儿童做正式访谈是能够为探求新知做出建设性贡献的几种方法之一。我们认为儿童从大约3岁起就能接受访谈，但这一切取决于访谈者的技巧。我们对这种方法的定义是：

> 一种半结构访谈，或者出于特定目的的会话：其中问题要根据儿童的思维方式来计划。问题既是开放性的，又是引导性的。访谈提纲和对回答的解释都要基于某种理论框架和访谈者所意识到的理解。

尽管使用这种方法会产生一些问题，但我们相信使用该方法又不损害儿童的整体性是可能的。这取决于访谈者的素养。我们会尝试进一步阐明需要访谈者具备何种素养，使用这种方法时又会产生哪些问题。

在访谈环境中，参与者的角色必须清楚。例如，他们当中一个是访谈者，另一个是信息提供者或回应者。如果儿童的角色是信息提供者，向儿童解释清楚访谈环境就很重要：要告诉儿童访谈在哪里进行，向儿童解释我们希望儿童在那种环境下，扮演哪种角色，要做些什么。这些信息可以帮助儿童进入角色。

传统上，信息提供者是一个服从的角色，成人和儿童之间的关系是不对等的。这在使用访谈法访谈儿童的时候是一个大难题。但是有没有可能改变这种情况呢？"研究者不是唯一就地位和角色做决定的人。参与者在越来越了解情境以后，在意识到起初尚不明显的益处和困难时，也可以重新做出这些决定。"（Graue and Walsh，1998，p76）

尽管访谈者和儿童之间的关系是不对等的,但塑造一种建立在地位平等和接纳基础上的关系也不是不可能的。但是怎么做呢?"理解来源于看待、认识和关联的方式。我们能认识到什么,和我们如何去看,为何去看,以及我们如何同我们周围的人互动是内在相连的。"(Graue and Walsh,1998,p72)

在访谈环境中,至少有两个人彼此互动,互相影响。他们如何理解彼此是非常重要的。为了建立良好的、彼此接受的关系,访谈者必须帮助儿童做好访谈的准备。好的准备包括告诉儿童,或者向儿童展示访谈将会在哪里进行,访谈者想让儿童谈些什么。必须告诉儿童,他们是专家,是唯一知道答案的人。在这种访谈中没有错误答案。如果访谈者想在访谈过程中使用图片、玩偶或其他物件,也应该事先告诉儿童。访谈者必须向儿童确认,他们参与访谈是自愿的。所有能帮助儿童理解其角色的信息都是重要的,在这些信息的基础上,儿童必须决定自己是否想要参加。

但我们仍然要问,幼儿是否有可能在置身于新环境之前就理解这个新环境?而且置身其中,他们就能明白要做什么,正在参与的是什么了吗?这对成人来说都是一个要求很高的过程,对幼儿来说就更是如此了。儿童总是有前期经验在身,这会影响到他们对访谈情境的体验。如果他们在其他环境中有过和成人打交道、交谈的糟糕感受,那么访谈者就必须更加努力去和儿童建立良好关系,如果这一切还是可能的话。不过在这种情况下,访谈可能不是一种好方法。

提高访谈者的素养

就像我们提到过的,访谈儿童要求访谈者具备特殊的素养(Eide and Winger, 2003)。这表明,反思理论与实践也好,向变化和惊喜开放也好,都有一个牢固的基础。好的访谈没有秘诀,而总是取决于情境。不过我们还是能指出一些在我们的工作中出现的因素,我们认为在访谈儿童之前对这些因素予以考虑很重要。要知道这些因素对于访谈者可能是很有用的,无论作为实践者还是研究者。

伦理反思

访谈儿童对于我们的伦理意识、伦理反思和持续评估提出了挑战。访谈儿童之前,我们必须查看获取正式许可的要求。如果我们是幼儿教师或学校教师,使用访谈作为我们在幼儿园或学校工作的一部分,那相当于我们已经得到家长的许可,去询问他们的孩子有关上学日常生活的事情。但是如果访谈是研究项目的一部分,我们就必须从家长那里申请专门的许可。

但是我们还必须从儿童本人那里获得许可。就如我们之前提到的,尝试让儿童理解访谈是什么样的,他们的角色是什么是很重要的。这也是一个难题。幼儿有可能理解这些吗?我们必须告诉他们,他们有权决定自己是否参加访谈,在访谈期间也允许他们改变主意。换句话说,儿童有权在访谈开始前和访谈期间叫"停"。

布鲁克(Brooker, 2001, p165)提出了一些如何在访谈情境中以尊重的态度对待儿童的伦理指南:

- 设计适合回答者、能为回答者所接受的提问，记住他们的情感和社会成熟度，以及他们的家庭和文化背景；

- 研究者如果感觉正在给回答者带来压力，无论是哪种压力，都要中止访谈；

- 用事后说明、安慰、感谢、表扬或任何适合维护儿童自尊的方式结束访谈。

儿童有权知道访谈者打算如何使用信息数据。访谈者必须尝试以儿童可能理解的方式把这方面的情况告知儿童。如果访谈者使用了录音机，也应该向儿童解释谁会听这些录音。保证数据的匿名性也是伦理上要注意的事。

以合乎伦理的方式解释数据也是一种挑战。儿童实际上跟访谈者讲了些什么，访谈者怎么才能理解这些信息？成人访谈者有可能理解儿童的世界吗？我们怎么才能知道我们是否用正确的方式解释了数据？所有这些都是难题。

和儿童建立良好关系

就如我们已经提到的，成人和儿童之间的任何关系都是不对等的，这在访谈情境中可能会成为一个问题。访谈者拥有权力，为访谈情境负责，这可能会以不同方式影响儿童，比如，儿童会试图去揣测访谈者想要得到怎样的回答，抑或以其他方式试图取悦访谈者。

儿童希望取悦成人，他们会试着尽量回答我们的问题。我们已经发现有些儿童会使用想象，瞎编答案努力取悦我们。当问到幼儿园里的规则时，一个6岁男孩很快向窗外看了一眼，看见风正在吹动树木之后，回答说："我真想禁止晃树。如果有人经过树下，树倒下来砸到他的头该怎么办？"

我们相信，尝试用某种方式改变这种情况是非常重要的，不仅因为我们希望搜集到"好的"数据，最主要的还是因为这关乎儿童的感受。必须给予儿童机会去建构他们是有价值的人，是能够掌控访谈情境的人的身份。对这些问题的关注最终集中在和儿童形成一种"欣赏的"或者相互尊重的关系上（Bae，2004）。

我们曾经分析过我们研究中的访谈录音，发现有些时候我们形成了"欣赏的关系"。从实用主义的观点看，这些时刻能帮助访谈者评价访谈情境中自己和儿童的关系（Eide and Winger，2003），其中包括：

- 访谈者和儿童的注意力集中在同样的事情上；
- 他们彼此之间有很好的眼神接触；
- 他们通过言语以及非言语方式交流同样的内容；
- 他们彼此鼓励表达他们的想法；
- 他们采择彼此的观点。

理解、兴趣和创造力

还有没有其他方法，让访谈者在访谈环境中和儿童建立起良好的、相互尊重的关系，既能够让儿童表达他们的想法，也能让访谈者帮助儿童确证自己的身份？一个好的访谈者必须表现得关心儿童，倾听他们的讲述并且理解什么可能让他们感兴趣，什么会让他们全神贯注。前提是访谈者要愿意并且能够采纳儿童的观点。

有时候，要想和儿童聚焦于同一方向，得有点直觉和创造力。在做访谈计划的时候，无论是编制访谈提纲，还是决定在访谈时是否使用玩偶、照片或其他物件，想法和创造性都很有用。重要的是要打造一个良好的开端，既让儿童感觉舒服，又让他们觉得有趣。我们必须就如何开始访谈做好计划，在实际情境中，又必须随机应变，因为没有两次会面是完全一样的。访谈提纲也一样，你必须编制访谈提纲，但你也必须在每次访谈的时候都以不同的方式运用它。编制出好的问题并不容易。

以我们的经验，开放式问题让儿童有机会讲述某些事进展如何。但我们相信，哪怕对于同样的问题，儿童也会做出不同的反应，同样，讲出好的问题是什么样的并不容易。访谈者必须反思，对自己来说哪些东西是必须问儿童的，哪些东西儿童讲起来会是有意思的。访谈者永远不要去问自己已经知道答案的问题。但是如果儿童的思想、感受和意义真的是关注的焦点，访谈者事先也不可能知道问题的答案。

目的性和灵活性

高水平的访谈者既要对访谈的目的是什么了然于胸，同时又要设法仔细倾听儿童，把握其观点。有时候做到这一点可能会相当困难。访谈者可能专心于儿童的观点，却忘记了访谈的目的，或者坚决要达到自己的目标，以至于没有认真倾听儿童。在访谈中对儿童敏感，意味着要尝试去跟随儿童的想法，记住"链接"是儿童会话中的普遍现象，也就是说，儿童往往会联系其他人刚刚说过的话，并且把他们进一步的评论"链接"到那些话上。

在我们的许多工作中，我们已经意识到，如果访谈者采纳了儿童的观点，儿童随后也会采纳访谈者的观点。在一次访谈中，一名6岁儿童谈起他的牙齿松动了，但突然，他停了下来，看着访谈者说："但是我们现在不应该说这些。"如果儿童感觉到访谈者对于倾听感兴趣，这可能也会影响儿童表达其思想的能力，因为"当给予儿童对于会话内容和方向上的控制权时，儿童的交流能力会提高"（引自Brooker，2001，p165）。

但是这又可能带来另外的难题。访谈者如果成了访谈过程的负责人，那么访谈者在不错失访谈重点的情况下，又能在多大程度上让儿童掌控访谈就会受到限制。然而，如果访谈者不设法去创建一种交互关系，儿童可能会变得非常沉默。开展良好的对话并不容易，因此，一旦我们千方百计创造出一场良好的对话，那就是最令人满意的经验了。

有关儿童及其先前经验的知识

访谈者应该拥有一些儿童和儿童发展方面的知识，应该大体知道一个3岁儿童和一个6岁儿童在比如口语和交流技能、理解不同种类问题的能力和注意力上有什么不同。

除了这些一般知识，访谈者还应该具备一些要与之交流的特定儿童的专门知识。访谈者应该了解一些儿童的文化背景，了解他们上的幼儿园或学校。换言之，访谈者应该了解一些儿童的日常生活，以便更能够理解儿童讲给自己的事情，在访谈的时候能够问出适当的问题。在访谈会面之前,他们也应该让儿童熟悉自己。我们相信,所有这一切都会对儿童在访谈中的行为产生影响。

为了保护儿童的整体性,访谈者必须具备有关儿童的专门知识,有能力使用合适的方法,也要意识到方法的局限。访谈者自己必须是一个整体的人,对于儿童的感情要有敏感性。

做一个谦卑的解释者来反思儿童的表述

邀请儿童参加访谈意味着要对他们负责。成人还必须以负责任的方式保管儿童提供给自己的信息,以可接受的方式使用它。通过我们的研究,我们已经把儿童的观点看作至关重要的,这要求我们不仅要注意倾听儿童,而且要以一种认真和负责任的方式来使用他们的信息(Eide and Winger,2003)。但是访谈者怎么才能确定对儿童表达的内容的解释和儿童自己的意图是一致的呢?我们相信访谈者永远也不能百分之百确定,访谈者的责任是在努力做出解释时一直尽力保持诚实和谦卑,把整个情境都考虑在内。此外,访谈者如何解释儿童的表述、意义和信念,才能让他们认识到这些解释是他们自己的呢?

考虑儿童的看法并做儿童的发言人

访谈者有责任把儿童提供的信息带给那些与之相关的人;带给其他儿童、教师、研究者、家长,可能还有更大的社会。如果儿童因此花费了他们的时间,并且愿意提供信息,访谈者就应该投桃报李(Tiller,1991)。问题是访谈者应该传递哪些信息给他人呢?访谈者必须以符合伦理的方式使用这些信息,保护信息提供者。如果某些信息会对相关的儿童造成伤害，那么访谈者就一定不能传递这些信息。如果信息对一些儿童而言是正面的，但会伤害到其他儿童，可能就比较复杂。在这种情况下，访谈者要把重点放在哪里，采用什么方式解决？我们没有正确答案，这取决于具体的内容。

在经验中学习，反思经验并不断谋求改进

要成为高水平的儿童访谈者，你就必须不断练习儿童访谈，并反思你自己的实践。这是一个持续的学习过程。没有任何一次访谈和上一次完全一样。此外，我们相信，不断地谋求提高访谈水平也很重要。在这一过程中，和同事合作，互相帮助，持续推进研究过程，提高自己这方面的能力会很有用。两人或三人一起工作能够在理论和实践方面进行更好的分析和更深入的反思。

结论

我们同意梅奥尔（Mayall，2000，p32）的看法，他声称，儿童如何度过他们的童年很大程度上取决于"成人想让童年成为什么样子"。这看起来有点矛盾，理解儿童的观点的可能性实际上竟然在很大程度上取决于成人的观点（Johansson，2003）。作为成人，我们对于儿童地位的认识，我们对于童年的认知决定着在重构早期儿童教育理论和实践的复杂事务中，儿童的观点是否会得到考虑。就如我们的研究中一名5岁的信息提供者所说的："大人们并不真正明白在日托中心做一个孩子是什么样子的。我们孩子知道。这就是为什么我必须给你讲讲这件事。"（Eide and Winger，2003，p33）

作为成人，对我们来说重要的是要了解汉斯是怎么意识到他自己的情况的，莫妮卡又是怎么给她幼儿园里的成人分类的。因为作为幼儿教师、学校教师和研究者，我们有义务考虑儿童的观点。除此之外，还因为这么做是我们的荣幸。

参考文献

Alderson, P. (2000) 'The rights of young children', in H. Penn (ed) *Early childhood services*, Buckingham: Open University Press, pp 158-69.

Bae, B. (2004) *Dialoger mellom førskolelærer og barn – En beskrivende og fortolkende studie* (*Dialogues between preschool teachers and children – A descriptive and interpretative study*), Oslo: Det Utdanningsvitenskapelige Fakultet, Universitetet i Oslo.

Berger, P. and Luckman, T. (1995) *Modernity, pluralism and the crisis of meaning: The orientation of modern man*, Güntersloh: Bertelsman Foundation Publishers.

Birkeland, L. (1998) *Pedagogiske erobringer* (*Pedagogical conquests*), Oslo: Pedagogisk Forum.

Brooker, L. (2001) 'Interviewing children', in G. MacNaughton (ed) *Doing early childhood research: International perspectives on theory and practice*, Buckingham: Open University Press, pp 162-77.

Cannella, G. (1997) *Deconstructing early childhood education, social justice and revolution*, New York, NY: Peter Lang Publishing.

Christensen, A. and James, A. (eds) (2000) *Research with children: Perspectives and practices*, London: RoutledgeFalmer.

Coady, M. (2001) 'Ethics in early childhood research', in G. MacNaughton (ed) *Doing early childhood research: International perspectives on theory and practice*, Buckingham: Open University Press, pp 64-72.

Dahlberg, G., Moss, P. and Pence, A. (1999) *Beyond quality in early childhood education and care: Postmodern perspectives*, London: Falmer Press.

Eide, B. and Winger, N. (1994) *"Du gleder deg vel til å begynne på skolen!"* (*"You are looking forward to starting school? Aren't you?"*), Oslo: BVAs Skriftserie.

Eide, B. and Winger, N.(1995) '"Tja – vi får se". Barneperspektiv på pedagogisk tilbud til seksåringer og framtidig skoleliv' ('"Well, we'll see!" Children's perspectives on early schooling'), *Barn*, vol 1, pp 25-53.

Eide, B. and Winger, N. (1996) *Kompetente barn og kvalifiserte pedagoger i den nye småskolen* (*Competent children and qualified teachers in the 'new' primary school*), Oslo: Cappelen Akademisk Forlag.

Eide, B. and Winger, N. (1999) 'Barns deltakelse – en utfordring i den nye småskolen' ('Children's participation – a challenge in the "new" primary school'), in R. Engh (ed) *Skolen i mulighetenes årtusen* (*The school in the millennium of possibilities*), Oslo: Cappelen Akademisk Forlag, pp 98-126.

Eide, B. and Winger, N. (2003) *Fra barns synsvinkel: Intervju med barn – metodiske og etiske refleksjoner* (*From children's point of view: Interviewing children – methodological and ethical reflections*), Oslo: Cappelen Akademisk Forlag, p 135.

Fog, J. (1992) 'Den moralske grund i det kvalitative forskningsinterview' ('Moral issues in the qualitative research interview'), *Nordisk Psykologi*, vol 44, pp 221-9.

Fuglestad, O.G. (1998) 'Elevsamtalen – arbeid med læringsmiljø og skulekultur' ('Pupil conversation – working on learning environments and school culture'), in O.L. Fuglestad (ed) *Reformperspektiv på skole- og elevvurdering* (*Reform perspectives on school and pupil evaluation*), Bergen: Fagbokforlaget, pp 101-29.

Giddens, A. (1991) *Modernity and self-identity*, Cambridge: Polity Press.

Graue, M.E. and Walsh, D.J. (1998) *Studying children in context*, London: Sage Publications.

Grover, S. (2004) 'Why won't they listen to us? On giving power and voice to children participating in a social research', *Childhood*, vol 1, pp 81-93.

Halldèn, G. (2003) 'Barnperspektiv som ideologisk eller metodologiskt begrep' ('Children's perspectives as an ideological and methodological concept'), *Pedagogisk Forskning i Sverige*, vol 8, nos 1-2, pp 12-23.

Hockey, J. and James, A. (2003) *Social identities across the life course*, London: Palgrave Macmillan.

James, A., Jenks, C. and Prout, A. (1998) *Theorizing childhood*, Cambridge: Cambridge University Press.

Jenks, C. (2000) 'Zeitgeist research on childhood', in P. Christensen and A. James (eds) *Research with children: Perspectives and practices*, London: RoutledgeFalmer, pp 62-76.

Johansson, E. (2003) 'Att närma sig barns perspektiv. Forskares och pedagogers möten med barns perspektiv' ('To approach and understand a child's perspective as a teacher and a researcher'), *Pedagogisk Forskning i Sverige*, vol 8, nos 1-2, pp 42-57.

Jørgensen, P.S. (2000) 'Børn er deltagere-i deres eget liv' ('Children are participants-in their own lives'), in P.S. Jørgensen and J. Kampmann (eds) *Børn som informenter* (*Children as informants*), Copenhagen: Børnerådet, pp 9-21.

Katz, L. (1993) 'Multiple perspectives on the quality of early childhood programmes', *European Early Childhood Research Journal*, vol 1, no 1, pp 5-9.

Kjørholt, A.T. (2001) 'The participating child: a vital pillar in this century', *Nordisk Pedagogik*, vol 21, pp 65-81.

Landager, S. (1999) 'Skolen ved en skillevei. Informasjonsteknologiens udfordringer' ('The school at a crossroad. The challenge of information technology'), in R. Engh (ed) *Skolen i mulighetenes årtusen* (*The school in the millennium of possibilities*), Oslo: Cappelen Akademisk Forlag, pp 70-83.

Mayall, B. (2000) 'The sociology of childhood: children's autonomy and participation rights', in A.B. Smith, M. Gollop, K. Marshall and K. Nairn (eds) *Advocating for children: International perspectives on children's rights*, Dunedin: Children's Issues Centre, University of Otago Press, pp 126-40.

Nilsen, R.D. (2000) *Livet i barnehagen. En etnografisk studie av sosialiseringsprosessen* (*Everyday life in day care centre. An ethnographic study of the socialisation process*), Trondheim: NTNU, Dr Polit Avhandling.

Norwegian Ministry for Children and Family Affairs (1995) *Rammeplan for barnehagan* (*Framework plan for day care institutions*).

Norwegian Ministry of Education, Research and Church Affairs (1996) *Læreplanverket for den 10-årige grunnskolen* (*The curriculum for the 10-year compulsory school*).

Qvortrup, J. (2000) 'Macroanalyses on childhood', in P. Christensen and A. James (eds) *Research with children: Perspectives and practices*,

London: RoutledgeFalmer, pp 77-95.

Roberts, H. (2000) 'Listening to children and hearing them', in P. Christensen and A. James (eds) *Research with children: Perspectives and practices*, London: RoutledgeFalmer, pp 225-40.

Sjøbakken, O.J. (2004) 'Plansamtalen som anerkjennende dialog' ('Conversation on planing as a appreciative dialogue'), in P. Arneberg, J.H. Kjerre and B. Overland (eds) *Samtalen i skolen (Conversation in school)*, Oslo: Damm Forlag, pp 136-51.

Skoglund, R.I. (1998) 'Barn som aktive informanter' ('Children as active informants'), *Barn*, vol 3, pp 78-97.

Tiller, P.O. (1991) 'Forskningens gjenstand som objekt. Om etikk, validitet og verdivalg' ('The content of research as an object. About ethics, validity and choice of value'), *Barn*, no 4, pp 7-19.

United Nations Convention on the Rights of the Child (1989) *FN's konvensjon om barns rettigheter av 20 nov*, Oslo: Statens Forvaltningstjeneste ODIN.

Viruru, R. (2001) 'Colonized through language: the case of early childhood education', *Contemporary Issues in Early Childhood*, vol 2, no 1, pp 31-47.

6. 倾听幼儿和家长的渠道

瓦莱丽·德里斯科尔、卡隆·拉奇

在英格兰，1997年新工党政府赢得选举后，儿童早期服务成了公共政策的优先事项。近期的发展动向是建立儿童中心。这是一项把教育和照护、拓展服务、健康和家庭支持整合在一起的国家行动。"儿童中心的目标是为家庭提供可以最便捷获取的一系列服务"（Sure Start，2004，p1）。首次于2002年宣布后，政府现在承诺到2010年建设3500家儿童中心。

财富公园儿童中心于2003年取得儿童中心资格，满足了伦敦内城区伊斯灵顿的幼儿及其家庭的需要。有85名儿童参加该中心，其中60名在3岁以上，6名有着复杂的特殊需要。工作人员团队由经验和资质不同的人组成，包括取得资质的早期儿童专业教师，接受过2年正式培训、拥有大量工作经验的5岁以下儿童教育工作者（在其他地方有时被叫作托儿所保育员或管理员），以及可能未取得资质、经验水平参差不齐的辅助人员。所有处于不同水平的工作人员都受到精心安排和区级行动计划的鼓励和支持去接受进一步培训。

自从1995年开办起,卡隆·拉奇就作为财富公园儿童中心主任在那里工作,瓦莱丽·德里斯科尔是那里的老师,本章也使用了大量参与该儿童中心工作的其他人的想法和观点。本章内容是关于档案书的,这是一种有儿童和家长参与,已在财富公园儿童中心使用多年的倾听方法。

在财富公园儿童中心,我们使用档案书这一术语指称一本空白的书,通过多元主体的合作在这本书上共同建构,描述儿童的生活、兴趣、学习和发展。参与这一合作建构的有儿童、家长、主班教师及任何和儿童分享档案书的人。

在英国,档案书这一术语在不同背景下逐渐有了不同含义。例如,教师如今正在义务学校教育第一年结束的时候(在英国大概是6岁)为每一名儿童完成基础阶段档案,这是一种正式的评估文件。观察档案则是许多教育机构用以描述评估记录的术语。其他地方使用的档案书采取的形式和我们的也不一样,例如,它们可能只包括儿童作品的样本,目的是展示儿童学习上的进步。

在财富公园儿童中心,儿童生活的每个方面都会呈现在档案书中。在家里或在幼儿园发生的学习过程,以及儿童对此所说的话会呈现在其中。儿童的家人、对他们有特殊意义的人、宠物等也会纳入其中。如果儿童去度假或者去就医,这些经历也会在档案书中予以说明。通过这种方式,档案书试图描述艾莉森·克拉克在第三章中说的(儿童)"所过的生活,而不只是获得的知识或受到的照顾"

（见本书55页）。

有几种表征方式可以用于支持和展示儿童的经验，包括照片、绘画和模型制作（显示在照片或儿童的绘画中），还有手写和口头语言记录。所有这些表征方式都要尽可能用儿童的话语做注释。所有儿童的话语都要准确记录。这是档案书的一个**重要特点**，因为随着时间的推移，它会慢慢展现出儿童语言发展的实际情况。

照片之类的可视化表征在档案书中大量使用，这背后的原因有很多。首先，它能以一种不打扰儿童游戏的方式去呈现儿童的学习和经验。其次，相机对成人而言可以作为观察工具发挥作用，成人用相机搜集儿童学习的证据，反过来再帮助成人反思。再次，照片能够展现那些没有在从事写作、绘画之类活动的儿童是如何学习的。例如，儿童可能对于角色扮演游戏、建构游戏或玩水游戏非常感兴趣，使用照片确保我们也能展示这类学习。最后，档案书的可视特点支持儿童在他们的学习中获得拥有感。在档案书中，儿童有线索用于记忆，有线索用于思考，有线索用于讨论。

档案书也已经成为一种评估幼儿学习的工具。我们把档案书和观察日志结合使用来支持我们对儿童学习的反思。作为一个团队，我们要确保在课程规划会议上讨论儿童的学习需要。档案书也可以用于支持儿童反思他们自己的学习。为儿童提供这样的自我反思机会也是贯穿本书的主题，例如第二、三、八章。

财富公园儿童中心的每位儿童都至少有一本档案书，有些儿童已经在用他们的第六本档案书了！我们首先用档案书去倾听儿童。

不过，档案书已经变成了一个系统，通过它，儿童的家人，还有主班教师等其他人也能发声（在下一部分会解释）。在财富公园儿童中心，对我们而言，档案书已经成为中心生活的一部分，也是儿童生活的一部分。档案书就是儿童、家长和工作人员使用的共享资源，可以发挥很多作用。例如，档案书能支持儿童适应新环境，增长知识以及理解早期课程。

在财富公园儿童中心，档案书把儿童、中心和家庭三条线汇聚在一起，提供了一种这三者都能得到倾听的方式。为了达成本章的目标，我们将更深入地分别探讨这三者，探索档案书为何以及如何支持这三者的需要。

倾听儿童

从儿童进入财富公园儿童中心那一刻起，就有许多系统就位，以确保从家庭到中心的衔接尽可能地平滑顺畅。例如，中心会为所有儿童指定一位主班教师，由其来充当儿童和家庭的联系人。主班教师制度让儿童有机会和中心的某一个人，有时是两个人发展亲密关系。他们也会继续和其他成人建立关系，但主班教师对他们而言始终是一个特别的存在。所有儿童也会在他们开始在财富公园儿童中心的生活之前接受家访。这也是档案书开始启用之时。在家访的时候，主班教师会给儿童、儿童的家庭成员、儿童最喜欢的物件如玩具等拍照。他们会搜集儿童的信息，也会分享有关中心的信息。

儿童进入财富公园儿童中心的第一天，他的主班教师会问候他，向他展示他的档案书，上面有在他家拍摄的照片，让儿童和主班教师可以一起重温家访的共同经历。这是儿童从家庭到中心衔接的一个非常重要的组成部分。有些儿童甚至在他们很大了，要去上学的时候，仍然喜欢看他们档案书上的这些页面，喜欢分享那张"那时候你来到我家"的照片。

有许多儿童把档案书当作家庭和中心之间的衔接物。有些儿童在适应新环境的时候，会随身携带他们的档案书几周。尽管档案书的内容集中在儿童及其生活上，但上面也展示儿童的学习，也就是知识、技能、情感和倾向。儿童学习的这些方面内在于其经验中，也存在于其档案书中。对每一位儿童而言，档案书会逐渐将其经验的不同方面之间有意义的联系勾勒出来。

档案书的内容总是在展现儿童能做些什么，因此能提升儿童的自尊自信。这样一来，儿童就能够和他人分享自己的成就，这是一个重要的过程，因为"幼儿通过逐渐意识到自己是一个独立、有用的人，对于自己能做到什么有了一个实际的看法而发展起信心"（Dowling，1999，p14）。在档案书中，儿童对自己的发展有着可视的、实际的参照点。当和同伴、成人以及家人互动时，儿童就是在反思和巩固自己的学习。

照片 6.1：南森聚精会神地看他的档案书

　　档案书对儿童而言成了非常特殊的存在。他们经常想要分享档案书，甚至长时间抱着它们。我们甚至观察到有很小的孩子（2岁以下）把他的档案书拿给一名伤心的儿童，以此来安慰他。通过档案书，孩子们知道了他们能表达观点，也知道了他们有另一种交流模式，那就是档案书上的共同语言。

在故事一中我们看到了露露（Lulu）的例子（2岁10个月）。她的主班教师知道，露露和她父母关注的焦点已经有好长时间都放在她即将出生的弟弟身上。露露的档案书表明了这一点，上面有露露妈妈怀孕各阶段的照片，还有露露玩角色扮演当孕妇的照片。露露在这方面得到了她的主班教师的支持，她的主班教师借助对露露的熟悉和了解，知道露露这方面的学习在一段时间内一定会处于领先地位。

（和我们倡导的倾听精神相一致，本章的4个故事都准确地引自参与其中的人们所说的或所写的。）

故事一：主班教师森迪记录的露露

当露露从婴儿长到学步儿的时候，她刚刚2岁。妈妈凯瑟琳（Catherine）和露露都很焦虑，我本能地知道她们需要帮助、时间和支持。凯瑟琳开始时能跟我说说她的焦虑，她不知道露露现在上幼儿园是不是太小了，这真的让她压力很大，觉得好像她正在把露露拖到露露实际上不想去的某个地方。适应的过程是缓慢的，但能让凯瑟琳和露露都感觉很安全。这也帮助凯瑟琳看到我们是怎么工作的，什么活动正在进行，以及成人是怎么和儿童在一起的。这也帮助我们逐渐了解了彼此，让凯瑟琳相信当她不在那里的时候露露也很开心。我全心全意去理解、倾听，我们三方的伙伴关系就这样开始了。

凯瑟琳开始在幼儿园里离开露露一会儿，露露则靠近我，和我待在一起。她从家里带来一些东西，这些东西让她更有安全感和自信心。档案书在很多方面都是非常关键的。它向凯瑟琳展示了当她不和露露在一起时，露露都在做什么，玩什么，探索什么。这是她最好的礼物，向她展示着露露很开心，和同伴在一起，每天的常规活动，以及她都和谁互动。凯瑟琳按时把档案书带回家，这样露露就能和妈妈分享她的日常。凯瑟琳能够围绕露露正在做的事和她进行深入的对话，最重要的是，看到露露很开心。

凯瑟琳也为档案书做出了贡献并参加了工作坊。露露的档案书里充满了露露和她的家人在周末等时间一起做的事情……露露感兴趣的是亮闪闪的东西，还有其他很多东西，实际上露露对什么东西都感兴趣。然后我能和露露谈她和家人在一起的时间。露露充满信心地和凯瑟琳、我及她信任的其他成人谈论那些照片、图画、手迹，大家一起支持露露，帮助露露提升信心、安全感、幸福感，露露越来越喜欢来幼儿园。

露露最终适应了幼儿园生活，和其他成人在一起时也变得很安心，她建立了良好的关系，也变得越来越独立。凯瑟琳开始放下心来。档案书和我们的关系是露露早期学习之旅的关键，我真的感觉档案书给财富公园儿童中心所有孩子的学校生活都带来了很好的帮助。

凯瑟琳怀孕的时候，露露和我会花时间谈论这件事，评论她越来越大的肚子。显然，妈妈肚子里的孩子的扫描图也放进了档案书中！我们无须回避这些想法，因为看得见的线索就在露露的档案书中，里面有凯瑟琳的照片，她越来越大的肚子的照片，还有露露和她的照片。当产期临近，凯瑟琳住院的时候，她会把要来照顾露露的成人的照片放上去。凯瑟琳怀孕的时候，露露能够谈论并理解接下来要发生什么。凯瑟琳还会把她自己躺在床上、露露的爸爸拥抱她的照片放到档案书里。她这么做是要帮助露露理解，当她住院的时候，她会躺在床上，露露的爸爸会陪着她。在孩子出生前，我能够和露露分享这一切。在露露的家人、露露本人和作为她的主班教师的我的共同努力之下，露露理解了出生都涉及哪些事。她现在是大姐姐了，进入了3岁以上孩子的环境。她有了一位新的主班教师，她的档案书继续支撑着她的安全感。档案书也帮助凯瑟琳理解了露露正在做什么，她日渐增长的友谊，还有她的快乐。我还是会一次又一次地和露露分享她的档案书中的内容！

档案书的特点是能引发互动和参与。它们就是用来观看和分享的。儿童能够通过分享自己的档案书来发起与同伴或成人的互动。当儿童想让自己被别人听到的时候，就可以让自己被听到。如果他们选择并决定了今天什么才是重要的，他们就能在任何时候停下，让其他人加入进来，因为他们是控制互动的人。这是他们的地盘，这是他们的生活。儿童以这种方式得到支持，获得对于自己的经验和学习的掌控感。知识通过档案书得以分享，儿童参与分享有关他们学习的信息。

每个儿童的生活都呈现在档案书中，这一事实让其他人、朋友和主班教师得以进入儿童的真实生活和鲜活文化。儿童的家人们逐渐知道了我们是真的对他们家庭的文化感兴趣。我们想要了解他们的文化是因为这和儿童的学习、发展是有内在联系的。他们发现，当我们询问诸如他们的宗教或在家使用的语言这些信息时，我们是真的想了解，档案书就是明证。通过这种方式，当儿童想要和朋友及其他人分享他们的文化时就有迹可循了。儿童会迫不及待地和朋友们分享诸如家族婚礼这样的重大事件。而其他人也会很感兴趣，因为这些事情通过在档案书中的呈现而变得栩栩如生。

档案书也让儿童在描述他们的发展历程时有所参照："那是我3岁的时候画画的方式"；"我小的时候还不能好好骑车"；或者"上衣现在不合身了，我长大了"。通过档案书，他们拥有了他们作为学习者参与学习过程的有意义的证据。这也帮助他们借助个人经历发展起一种时间感。

使用档案书对儿童而言本身就是一个学习过程。儿童可能要花些时间才明白自己会得到倾听，而对某些儿童而言，这可能要花较长时间。他的主班教师会和他建立亲密关系，会为他提供支持。年幼的儿童（即从6个月到2岁）会用一种和年长儿童不同的方式来使用他们的档案书。对年幼儿童而言，档案书主要和他们的情感世界内在相连，这是一种能表达他们内心感受的方式。但也有其他方面的学习和发展记录，他们的档案书既支持他们向外看世界，也支持他们向内看世界。例如，有许多儿童会随身携带他们的档案书。他们的档案书会帮助他们表达情感；如果他们想妈妈了，他们就会指着档案书中妈妈的照片。就如故事二表明的，档案书也能帮助幼儿处理不愉快的经历。

故事二：家长描写的托比（Toby）

从很小的时候开始，托比就不得不一天吃四次药。这总是会带来很大的问题，因为托比不喜欢吃药。他会尖叫、哭泣、拒绝。在幼儿园，托比的主班教师决定最好和托比一起解决这个问题。那时，他只有1岁半。主班教师拍下了他吃药的整个过程，先从药开始，然后是主班教师把它们准备好，然后托比哭着吃下他的药，最后主班教师把这些照片放进他的档案书里。这对托比来说是个很大的突破，因为我们会每天和他谈论这件事。在档案书上给照片配的文字也都是简短而直接的，例如，"托比不喜欢吃药""托比在哭""他伤心了"。

我会把档案书带回家，托比会在家和他的家人、朋友分享这本书。然后他开始为吃药承担起责任，这件事对他而言变得非常重要，并且给他一种吃药这件事正变得越来越好的感觉，让他感到非常骄傲。在幼儿园，他会和其他同伴分享这件事。不久，带着巨大的自豪感，我们加上了有关吃药这件事的最后的照片，在照片上，托比自己微笑着吃了药。

档案书之所以管用，是因为孩子们对他们的档案书感到骄傲，感觉对他们的档案书负有责任。他们总是渴望和其他儿童分享档案书，档案书让他们能够表达自己的感受。孩子们在水里玩针筒的情景也会被拍下来，这些都会被放在档案书中。

托比现在3岁半了，对于自己吃药非常有信心，没有任何紧张慌乱。他经常看他的旧档案书，会谈起他曾经多么不喜欢吃药，以及当时是怎么哭的。不过他喜欢我们表扬他，告诉他，他是多么勇敢，他现在是个大男孩了。托比如今不得不经常去医院做常规的验血，因此这个循环又要开始了，我们打算用同样的办法，在档案书里放入这一过程的照片。

儿童和家长（还有工作人员）对于档案书都非常珍视。因为它让儿童从这么小的时候开始就能与人交流，让儿童能表达自己。它也令家庭和幼儿园之间能够进行互动，让儿童能够告诉他人自己在家做了什么。他们会分享故事，并且对彼此的档案书非常感兴趣。

儿童中心3岁以上的儿童使用档案书的方式有所不同。他们的档案书主要是他们思维的呈现。和3岁以下的儿童一样，情感在这种学习中也发挥了很大作用。不过，随着他们表达想法、反思学习的能力的发展，年长儿童的思维过程，以及所进行的学习会变得更加明显。

为了确保所有儿童都被听到，我们经常不得不在如何倾听方面有所创新。例如，对一些儿童来说，档案书可能更有触感，让儿童可以与其互动。档案书还有助于儿童在他的同伴群体中提升地位。他能借助档案书向他的朋友展示他会做什么，帮助其他人理解他生活中的常见事物。例如，一名儿童有个站立架，他用照片展示他如何使用它。这种情形在档案书里和建构了复杂模型的儿童一样都很重要。

在我们和所有儿童的互动中，仔细倾听儿童在说些什么，了解儿童是如何交流的，这些都非常重要。如果主班教师和儿童之间建立了亲密的关系，做到这一切就会更容易一些：当你非常了解一个孩子的时候，你就能成为他的许多语言的更好的倾听者。例如，一位母亲或主要照护者通过婴儿的哭声就能理解他想要或需要什么。一位非常了解儿童的主班教师能很快区分出儿童个人的细微差别。戈尔德施密特和杰克逊（Goldschmied and Jackson，1994，p37）强调了这一点，他们说幼儿，特别是那些"不会用语言表达他们的经历的幼儿，需要有特殊的关系，并且以一种非常直接而具体的方式来表达"。哥哈特（Gerhardt，2004）也强调了这些早期互动的重要性，因为这些互动会对幼儿的大脑产生真正生理性的影响。

倾听是儿童中心的核心

接下来我们来到在财富公园儿童中心由档案书撑起的第二方面。在这里，我们决意把儿童中心看作一个整体，因为财富公园儿童中心的工作精神或方式并非简单地体现在实践者个人身上。（因为主班教师通常指教师或教育工作者，所以这里我们用实践者指称和儿童有接触的所有成人。）从儿童中心的领导如何支持实践者到政策和课程等，许多影响因素构成了实践者与儿童日复一日互动的基础。也就是说，我们倾听儿童倾听得多好，不只是个人特质或直觉的结果。倾听很大程度上受到环境的影响，而环境是由许多要素构成的：

> 近段时间，我们已经目睹了一系列有关管理和领导的观念

在逐步发展，它们关注的是工作的人文维度……尽管需要管理来保持中心的有效运行，但领导关注的是怎样尽可能做到最好。领导就是要全身心投入儿童及其家人的利益当中。（Whittaker，2001，pp20-25）

我们如何倾听，我们从听见的东西中理解到了些什么，这不仅是我们个人价值体系的问题，也是我们工作的儿童中心所秉持的精神的问题。

在财富公园儿童中心，我们努力工作，维护一种开放和倾听的文化。我们的精神特质，也就是我们工作的根本价值观，是关心、乐于表达、创造和致力于持续学习。这也要求在儿童和成人、成人和管理方、中心和家庭之间建立信任关系。有时候，在建立这种信任关系的过程中，个体允许他们自己显露出脆弱的一面。这对某些人来说可能是个痛苦的过程，但也可能成为宣泄的经历。就如佩利（Paley，1986，p123）在反思她从教的早期经历时所说的，她逐渐相信"只有痛苦地认识到自己的脆弱性，真正的改变才会到来"。我们直面所有发生在财富公园儿童中心的挑战，因为我们知道，只有允许人们冒险，真正的发展和成长才会发生。

把档案书融入我们的服务已经为我们作为倾听者在中心的发展提供了证据。例如，在档案书的概念首次被介绍进来的时候，工作人员中有各种各样的反应。许多非教师的实践者的经验是，在他们以前的工作单位，他们对于儿童的看法很少有人关心。他们会写观察记录，但不会写报告，会搜集有关儿童的信息，但只有身为教师的同事才会和家长分享那些信息。然而他们已经感觉到，他们实际上才是非常了解儿童的人。那些身为教师的实践者也有类似经验，即他们没有得到机会去好好了解儿童。这让他们感到挫败，他们感觉课程以及需要从狭隘的学术角度去评估学习的方式限制了他们。

当财富公园儿童中心的所有实践者都开始和儿童一起使用档案书的时候，这种经验上的差异变得特别明显。有些教师在开始的时候把这当成是在他们已经满满当当的日程表上增加的额外工作。其他人则对发表观点，能够分享他们担任主班教师的孩子的知识这一前景感到非常兴奋。不过，所有的实践者很快就意识到，倾听儿童，还有感觉到自己被倾听，是一笔巨大的财富。

照片6.2：乔治口述他认为他的主班教师应当写进档案书中的内容

管理团队努力工作，试图善用这种热情。他们不得不相信，实践者个人无论处于什么发展阶段，他们和儿童及其家人之间的关系都是非常重要的因素。例如，有些实践者不喜欢做书面工作。然而所有和儿童一起工作的成人都感觉有足够的信心通过档案书去呈现他们对于他们照护的儿童的了解和感受，这是非常重要的。如果在这一点上做出决定，即只有某些成人才能在档案书中，使用拼写准确、语法正确的传统英语来表达自己，那么我们可能就会否定掉孩子们潜在的角色榜样。我们想要在财富公园儿童中心参与儿童生活的所有成人都能自由地表达自己，因为这是他们的权利。我们不想让实践者、儿童或他们的父母在我们的教育环境中感到有隔膜，因为这会阻碍"倾听"文化。

实践者在寻找一种方式让自己的声音能够被听见，能够分享他们的知识和专长，与此同时，他们还必须记录下教和学的过程。档案书提供了一种以儿童为中心，通过倾听儿童而两者兼得的方式。里纳尔迪在第二章中说道："'倾听情境'（是一种）……个体在其中会感觉有资格去表征他们的理论，对具体的问题提出自己的解释（的情境）。"（见本书 38 页）儿童要感觉到这一点，实践者也需要感觉到这一点。

在财富公园儿童中心，有许多制度在支持对所有人进行倾听，包括一名和工作人员、家长一起工作的顾问。我们感觉承认这一点，以便把档案书放在财富公园儿童中心的背景中，放在这一倾听情境中是很重要的。许多支持倾听的安排都是复杂的，要花费巨大的精力去维持。这是我们实践的非常重要的组成部分。例如，每一位主班教师一周都要参加三次会议：全体教工大会、小组会议和主班教师会议。无论哪种会议的议程上都有儿童。主班教师会议更是把所有注意力都放在儿童身上，详细讨论每个儿童的生活、学习和发展。每个儿童都会定期受到评估，以确保对其有一个全面的了解。

档案书在所有的会上都使用，无论讨论什么，都以之为基础。通过这种方式，档案书能用来支持其他专业人员的工作，让他们能够接触儿童更广泛的生活，以一种有意义的方式熟悉儿童的长处和发展的领域。例如，社会工作者有时会要求我们帮助他们将儿童置于家庭背景中去考量。而通过档案书，我们就能展现儿童的生活故事。（来访者和专业人员接触档案书要经主班教师的审慎决定和儿童的允许。要让家长了解档案书会被用于许多目的。对此他们要签署同意书。如果家长对此感到不适，我们当然会尊重他们的想法。）

档案书也鼓励成人在倾听中让儿童来主导讨论。这要求我们信任成人，信任他们会允许儿童在互动中，在通过档案书分享自己的感受、经验和想法时发挥主导作用。档案书会让儿童的想法和关注更明确，无论那些想法和关注是什么。主班教师的工作是倾听并根据听到的情况采取行动。发展这方面的实践能力对成人而言也是一个学习过程。

这方面的一个好例子出现在档案书刚被引入财富公园儿童中心的时候。一开始，档案书被放在高高的架子上，儿童够不到，由主班教师决定儿童什么时候可以用自己的档案书。由于他们一直在倾听儿童的想法，他们逐渐意识到他们需要把档案书拿下来让儿童用，毕竟是他们的档案书。时至今日，孩子们每一天都是在把档案书作为他们生活的中心而度过的，即便最年幼的儿童也是如此。他们的档案书已经折角、破旧了，但所有的孩子都喜爱并尊重他们的档案书。

强调幼儿情感健康的重要性是财富公园儿童中心精神的另一个特点。例如，如果有儿童对于和父母分离感到伤心，我们会用档案书确认这种情感体验。我们可能会把家长的照片或家长搂着孩子的照片放在他的档案书里。我们会告诉儿童他可以在任何他想要的时候看这些照片。如果儿童需要的话，他可以花时间去看这些照片。我们不会试图去回避或忽略这种需要。

我们相信，期待儿童自己收拾好心情，直到雨过天晴，这是不合适的。我们不会试图去分散一个伤心的孩子的注意力，或者努力逗他笑。我们从许多理论家和研究者，诸如鲍尔比（Bowlby，1953）、安斯沃思等（Ainsworth et al，1974）以及戈尔德施密特和杰克逊（Goldschmied and Jacson，1994）的工作中了解到，在和主要照护者分离的时候感到伤心，感觉真的像失去了什么，这是自然而正常的。感觉伤心和感觉开心一样都是健康生活的重要组成部分。这不是说我们鼓励儿童一直哭泣，沉湎于家长的照片当中。我们不会试图去阻止或分散一个感觉开心的孩子的注意力，同样的道理，我们也不会这样对待一个感觉伤心的孩子。档案书能帮助我们倾听儿童的伤心，帮助孩子以适当的方式去应对它。

照片6.3：朋友们"在一起"看他们的档案书

在我们中心，也会公开认可成人在从事幼儿工作时的情感投入，因为"如果没有一种尊重、支持对实践的情感维度进行反思的组织文化，和幼儿之间建立起的亲密、回应性的关系是很难持续的"（Elfer et al，2002，p30）。我们认为，付出时间去处理在这一复杂工作中常常出现的许多问题是非常值得的。我们认为，和儿童的家庭联系紧密的成人经常需要在处理由此带来的情感问题方面得到支持。当时机到来时，所有的讨论都是受欢迎的。反过来，实践者也能够由此在他们的工作中建立起丰富、有意义和有价值的关系。

把有特殊教育需求的儿童完全纳入进来是财富公园儿童中心义化的重要组成部分。现在我们中心里有自闭症谱系障碍儿童、身体残疾儿童、语言发育迟缓和有障碍的儿童、有挑战性行为的儿童以及有视力障碍的儿童。这些儿童都被完全纳入中心的日常生活中。这意味着他们都有自己的主班教师和班级；他们能够和同伴们交朋友。他们有专门针对他们需要的个别化行动计划，通过这一计划来规划他们的活动。对于每一个儿童，我们都在我们的课程当中根据他们的兴趣和发展为他们规划活动。针对有特殊需要的儿童的治疗和专门策略也是日常的一部分，实际上，一些专门的练习也可以成为旨在提升全体儿童学习水平的班级活动的中心。此类全纳服务在整个英国正变得越来越普遍。英国教育和技能部的"特殊教育需求实践准则"（DfES，2001）强烈建议，只要有可能，所有的教育机构都应接纳有特殊教育需求的儿童。

我们在财富公园儿童中心使用档案书已经9年了。它们最初是从托班发展起来的。来到中心的孩子们带来了他们的书。档案书渐渐地遍布整个中心。我们如何使用档案书对参与其中的每个人来说都是一个学习的过程。财富公园儿童中心的工作原则是，每个人都是学习者。出于这一原因，我们并不觉得我们现在使用档案书的方式就是使用档案书的标准方式。它们是发展而来的，还将通过对我们的实践和架构的持续反思而继续发展下去。

我们也非常幸运，得到了当地小学教师的反馈。他们告诉我们，档案书比起我们以前提交的有关儿童的书面报告更好读、更有意义。根据这一反馈，我们利用档案书的一些基本元素——照片、儿童的话和家长的话开发了一个系统，用于创建儿童发展概貌。儿童对于其知识和经验的实际表征拥有所有权。无论儿童、他们的新老师，还是他们的新朋友，都能接触到这份材料。

未来我们还想要和学校联合开发，持续使用档案书，直到义务学校教育的早期阶段。我们想这么做不仅是因为从学校老师那里得到了反馈，还因为我们从那些已经上学的儿童及他们的父母那里也得到了反馈。他们都认为他们能够看到在这些环境中使用档案书的好处。这在故事三当中也表现得非常明显，在故事中，已经上学的汉娜（Hannah）说，学校老师应该知道，"你不能只是把它们（档案书）放在没人能看到的地方，你要把它们放在你能够看到的地方"。

故事三：瓦莱丽·德里斯科尔访谈汉娜

汉娜两年前（4岁半的时候）离开了财富公园儿童中心去学校上学。她现在刚过6岁半，在上小学二年级。我是她上财富公园儿童中心时的主班教师。我在她家访谈了她。

你怎么看档案书？

"我喜欢它们。比如当我有莫莉（汉娜的姐姐）的让人恼火的照片时，我就喜欢拿给她看，就像她抓着她那只假兔子那张，真让人尴尬。我给你看那张照片……我觉得它们真是太好玩了。"

为什么呢?

"当我跟莫莉还很小的时候,我喜欢展示我的照片,'你真叫爱!'(莫莉说)。我说:'我看起来很好玩。'"

你什么时候会读档案书?

"在我能找到它们的时候。爸爸会在起居室读给我听。"

然后我们开始一起看汉娜的档案书。汉娜看到了一张她在幼儿园用麦卡诺(一种建构玩具)做小狗模型的照片。

"我一直喜欢做那种小狗。那会儿它对我来说总是太难,但我打赌,如果我现在再尝试做的话真的会很容易……我喜欢它们(档案书),因为它们总是展示出你小的时候都做了些什么。如果你想,'哦,天呢,回望那时我都在做些什么呀',你就可以去看你的档案书,并且能够看见……

"那条裙子我记得很牢……

"里面所有的照片都是你(瓦莱丽)拍的吗?"

我想是的,至少大部分吧。

"我知道有一张不是你拍的!"

她翻开档案书,翻到一页,上面有一张我和汉娜拥抱的照片。

"你肯定没拍这一张!我喜欢和那里(幼儿园)的动物玩。"

汉娜能读她档案书上的所有文字了,我对此向她表示祝贺。

"我在幼儿园的时候一个词都不会读,只有 it(它)、is(是)、the(这,那)之类的。现在我想我会读很多了,尤其比起我在幼儿园的时候会读的要多多了。"

她读起她以前说的有关攀爬架的内容。

"我管它叫'能爬的东西'。我本应该叫它攀爬架,但是我那时不知道它叫什么。"

对于档案书,你认为人们应该了解些什么?

"它们是你小时候的照片。如果你忘了你上的哪所学校,你能看着照片想起来。我认为他们应该知道上面不只有你,还有你的朋友。如果你的照片里有你和你的妈妈或爸爸,你不要把你的朋友、奶奶那些人剪掉,只留下你在上面……幸好不是一本硬硬的书,而是一本软软的书,因为如果你躺在床上看书的话,你可不想那硬角戳到你的眼睛。"

我告诉汉娜,他们小学的学前班老师在问我档案书的事。我问她她认为我应该如何回答他们。

"你应该告诉他们,在你班上看档案书真的很好玩。不仅是那里的孩子们觉得好玩,所有的人都会觉得好玩。我认为你应该告诉他们,'你不能只是把它们放在没人能看到的地方,你要把它们放在你能够看到的地方'。当他们(孩子们)上一年级的时候,你不要只是说,'对不起孩子们,我找不到档案书了,所以你们不得不等一会儿'。如果你在他们二年级的时候才找到档案书,你给他们的时候,他们(孩子们)也只是会说,'但是一年级现在结束了呀'。那就没有意义了,因为那时他们已经二年级了,才拿到去年的档案书!

"他们应该知道,在第一本档案书上必须写上日期,那是谁的档案书、谁的东西，他们应该知道，不会只有一本档案书。因为他们会进入不同的年级，他们会得到越来越多、越来越多的档案书。即使上幼儿园的时候，他们也不会只有一本档案书，他们可能有六本这样子，他们可能有十本！"

倾听家人

在财富公园儿童中心，我们已经认识到在中心不能止步于倾听儿童。通常情况下，会有很多人卷入每个儿童的生活，其中既有儿童也有成人。因此，我们有充足的理由尽力保证注意到每一个人。而且我们发现，要创设一个回应性的环境，让每个人都参与进来，会有很多好处。

儿童是带着大量和他们的父母一起发展起来的经验和专长来到财富公园儿童中心的。我们的工作是向家长表明，我们很重视这一点。当儿童开始在财富公园儿童中心上学的时候，他的父母也和我们一起开始了一段旅程，这段旅程将会记录在他们的孩子的档案书中。从最初的家访开始，我们就必须给家长一个非常明确的信息：我们信任你们，你们也可以信任我们，我们都可以信任你们的孩子。

开始时，档案书有助于儿童及其家人熟悉主班教师和环境。档案书把财富公园儿童中心开放给家庭成员，支持他们逐步适应新环境。家长有机会参加主班教师组织的工作坊，通过工作坊加深对我们如何使用档案书、我们怎么实施我们的课程的了解。这项工作能够让一些家长对自己和教职工的互动、和孩子的互动感觉更有信心，一位家长讲述的故事表明了这一点（见故事四）。

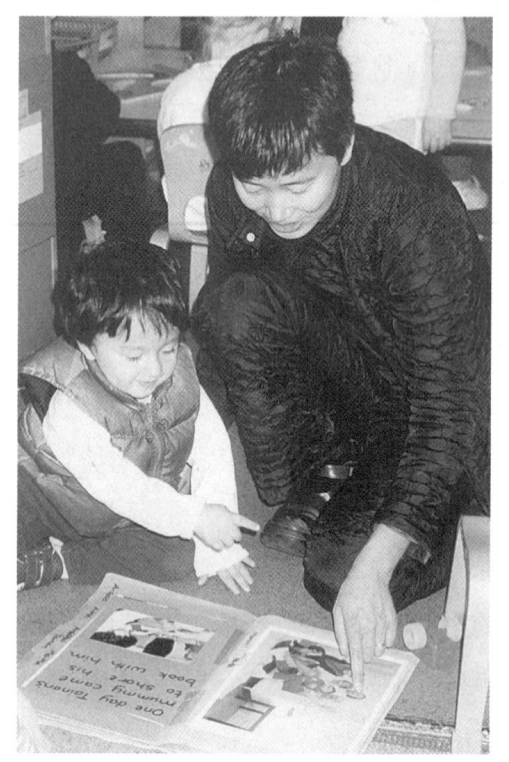

照片6.4：泰南（Tainan）和他的妈妈分享他的档案书

故事四：扎西亚（Jahziah）的妈妈对档案书的描述

　　到我们的儿子开始上幼儿园的时候为止，我一直全身心地投入对他的照顾中，这让我感到欣慰。我们的儿子患有脑瘫，因此，为了让他能够最终过上一定程度上独立的生活，我"需要"（这就是那个关键词）比"母亲"这个自然角色所要求的更多地参与对他的照顾。事后想来，这种参与更多指向的是他的医疗照护，而不是他的个人幸福，而后者才是重要的。

不管怎样，我很快就发现了幼儿园的常规做法是怎样的，我不久就被邀请去参加有许多家长参加的、每周都举办的工作坊。尽管还是一个新人，还在适应"儿童主导"的氛围，但我的信心已经离我远去了，因为我的头脑还固守着此前养育我儿子的经验。我想，"他们"能教给我什么呢，我知道怎样对他最好。然后有一天，一切都变了，我发现自己参加了一个有关档案书的工作坊。事后想来，随着关系的改善，我可能更愿意参加了。

这些是在幼儿园诞生的书，它们展现了上幼儿园的时候，你的孩子，还有其对于外部世界的经验的可视化证据。我认为档案书很棒。直到那时，我仍然没有意识到它们对我的儿子和我自己有什么好处，参与他的幼儿园生活会带来什么。我并不真正相信这里需要我。我儿子早早地就拿到了档案书，并且他的主班教师已经开始用档案书了，她在里面展示了我儿子是如何熟悉这个新环境的。我不知道要往里面放什么。当我聚精会神地盯着空白页看时，脑子里完全没有想法。一名工作人员举办了工作坊，于是随着她的讲述，我原本一无所知的头脑渐渐被她兴奋的语调所传递的想法给占据了。我开始告诉自己我能做到。我儿子有很多成就可以在档案书里予以说明，他为生存而战就是其中之一，因此，我放上了他陷入昏迷时的照片。这不是什么坏事，这是我儿子的生活。然后我走了出去，向旋风一样搜集他所有的作品，拍了大量照片，描绘他自己的发展过程，所有这一切都是在档案书的帮助下发生的。

这让幼儿园和我自己之间能够建立并发展起伙伴关系，我们的头脑中有着共同的目标，那就是我的儿子。现在当我不在儿子身边的时候，我能了解到他的生活中正在发生什么，幼儿园也是如此。到目前为止，我们的档案书已经是第六版了，仍然在继续采用许多不同的、巧妙的方法让其更具吸引力。我还有一个孩子在伊斯灵顿的另一所学校，我已经当上了那所学校的家长董事，现在想把档案书也带到那所学校去。我非常相信这个简单而有价值的项目，我觉得其他人也应该享受拥有自己的图画自传给生活带来的美。

家长和照护者渐渐变得和我们更加融洽了，他们开始和我们分享他们的孩子在家学习的情况。他们学着使用档案书来做这件事。有些家长对于书写或绘画感觉难为情。但他们很快就意识到，我们并不关注"正确的"英语，于是他们对于书写以及和我们分享有价值的信息感觉更有信心了。他们知道，我们没有在评判他们，反过来，我们发现他们也不评判我们。9年中，我们一直在以这种方式使用档案书，我们从来没有从家长那里听到有关语法或拼写错误的抱怨。因为我们都在关注那些家长钟爱的事情，也就是有关他们的孩子的事，这有助于在家庭和中心之间建立起信任和支持的关系。

档案书已经整合进家庭和学校的关系当中。家长们渐渐爱上了他们的孩子的档案书。我们发现，拍摄儿童参与各种活动的照片有助于吸引家长，并把幼儿园的生活敞开给他们看。他们如饥似渴地想要了解他们的孩子，了解当自己不在身边时孩子都做了些什么。而在档案书中，儿童的家人们得到了一扇窗口，可以窥见他们的孩子在幼儿园都关注什么，经历了什么。档案书的可视化特点让家长可以在和孩子谈论他的经历时，支持孩子的学习。给儿童参与活动的照片添加注释又让档案书和课程领域联系起来，进而支持家长理解我们是如何实施课程的。这对他们而言特别有意义，因为他们是通过他们的孩子的经验了解到这些的。我们也会去和儿童的家人分享我们认为对儿童而言什么是有价值的经验，以及我们这样认为的原因。

我们发现档案书还能为关心儿童生活学习的某些特定方面的家长提供支持。家长非常重视档案书，而档案书也能帮助家长理解我们所做的事，比如，档案书能够帮助解释孩子们的衣服在幼儿园为什么会变脏这类问题。家长们会渐渐理解诸如使用颜料这类经验对儿童而言是重要且有价值的，因为他们看到了他们的孩子对此多么感兴趣。通过档案书，家长也逐渐明白了像学习书写这类事情的复杂过程。档案书里会呈现他们的孩子参与这一过程的证据，从孩子第一次尝试留下痕迹，到写出自己名字里的字母，然后再进一步。

在和家长分享我们的工作时，我们尽量保证既不低估家长，也不评判家长。我们并不是要保护他们。随着关系的发展，家庭和中心之间的互动会变得更有意义、更加自然。达尔伯格（Dahlberg，1999，p77）也赞成这一看法：

……和家长合作不是说教师要为家长提供有关他们（教师）正在做什么的脱离背景的、确凿无疑的信息，也不是通过传递简化版的儿童发展和儿童养育技术"教育"家长怎样才是"好的"教育方法。它的意思是，家长和教师（以及其他人）都进入一种反思、分析的关系，以加深对教学工作的理解，提高就教学工作做出判断的可能性，而教学记录是其中重要的组成部分。

使用档案书记录和支持我们与家长的关系，帮助我们在课程工作上携手同行（在英国的背景下，课程指的是"0—3岁课程框架"和面向3—5岁儿童的"基础阶段"课程）。反之，通过了解有关何为适宜的早期儿童课程，以及他们的孩子在我们的儿童中心都参与了什么活动等方面的知识和信息，家长和看护者感觉被授权参与进来，他们将带着这些知识陪伴孩子继续上学。

结论

我们在本章呈现的故事是关于在我们中心档案书是如何支持倾听的有力的、持续的例证。不过，这并不是故事的结尾。我们感觉，在财富公园儿童中心，我们仍然在学习的路上。我们知道档案书还会发展和改变，但我们不知道这种发展和改变会把我们带向何方。我们知道的是，我们必须继续锻造我们的文化以及提升我们的倾听能力。

当儿童的声音继续被听见的时候，他们会带我们去他们需要去的任何地方。汉娜非常清楚地告诉我们，她的档案书对她而言非常重要。她展现了她怎样用档案书反思她的学习和发展，她还想在她整个上学的过程中继续使用档案书。家长们也已经向我们表明，他们想要在我们学校和未来的学校继续表达他们的观点，继续感觉被赋予权力参与学校的工作。

像我们这样使用档案书也帮助我们理解了，所有的实践者，以及家长和儿童都能发表强有力的观点。让所有利用这一环境的人都以他们自己的方式做出贡献，而无论他们的观点采取何种形式，这反过来会帮助我们更好地倾听。

档案书是在倾听的框架下构思的。但我们知道，档案书自身不会让儿童敞开心扉，或者让实践者善于倾听，而是在他们分享和倾听的时候提供支持。档案书并不会比主班教师制度或使用照片让我们更善于倾听，所有这一切一起支持我们更好地倾听儿童。档案书为我们提供了倾听的渠道，让倾听越来越清晰可见。

本章说明了倾听在实践中有多么复杂，它必须渗透在整个环境中。我们的经验表明，倾听做得有多好，直接受到并取决于所提供的服务类型的影响。不能低估创设有利于倾听的环境的想法和努力。"倾听"这一术语常常没有得到充分的理解。在这种情况下还可能被误解为一种消极的互动。在我们中心里，倾听可以是任何事情，唯独不会是消极的。

档案书能在这种情况下发挥作用，是因为参与其中的人们之间建立的关系和信任。在财富公园儿童中心，我们觉得很荣幸，已经建立起在实践中能发挥作用的有意义的伙伴关系。家长、儿童和实践者都在彼此倾听，而档案书把这三种身份紧紧联系在了一起。

参考文献

Ainsworth, M., Bell, S.M. and Stayton, D.J. (1974) 'Infant-mother attachment and social development', in M. Richards (ed) *The integration of a child into a social world*, Cambridge: Cambridge University Press, pp 99-136.

Bowlby, J. (1953) *Childcare and the growth of love*, London: Penguin.

Dahlberg, G., Moss, P. and Pence, A. (1999) *Beyond quality in early childhood education and care: Post-modern perspectives*, London: Falmer Press.

DfES (Department for Education and Skills) (2001) *Special educational needs code of practice*, DfES 581/2001, London: DfES.

Dowling, M. (1999) *Young children's personal, social and emotional development*, London: Paul Chapman Publishing.

Elfer, P., Goldschmied, E. and Selleck, D. (2002) *Key person relationships in nursery*, London: National Early Years Network.

Gerhardt, S. (2004) *Why love matters*, Hove: Brunner-Routledge.

Goldschmied, E. and Jackson, S. (1994) *People under three*, London: Routledge.

Paley, V. (1986) 'On listening to what the children say', *Harvard Educational Review*, vol 56, no 2, pp 122-31.

Sure Start Unit (2004) *Children's Centres Implementation Update 1*, London: Sure Start Unit, DfES.

Whittaker, P. (2001) 'Management in the early years: challenges and responsibilities module learning guide', unpublished course reader', London: Metropolitan University.

7. 小声音,大信息

琳达·金妮

斯特灵议会是苏格兰第三小的地方行政单位，人口86150人。这是一个社区多元、城乡结合的区域。当地的国家公园和文化遗产（包括班诺克本战役发生地）吸引了大量旅行者，斯特灵成为很受欢迎的旅游、生活和工作地。但斯特灵的社会极化程度很高，在英国此前413个区议会中，其贫富分化程度第二高。

自从1996年成立之时起，斯特灵议会就决定把它关注的焦点放在使用其服务的人，而不是服务运作的机制上。工作上的合作会在最重要的地方进行，也就是在社区，为了儿童，与家庭合作。这种工作方式从将面向0—5岁儿童的早期儿童服务（之前分为社会工作和教育两部分）整合为新形式的早期儿童服务机构开始投入运行，还建立了儿童委员会，基于儿童权利、全纳、成就和为其提供高质量服务的原则开发政策。

本章描述了斯特灵的地方政府是如何倾听幼儿的，并探讨了这对于如何思考儿童的早期学习，以及地方的政策和实践产生了怎样的影响。

学习即成为研究者。幼儿是理论的建构者。幼儿通过交流和表达他们的概念和理论，以及倾听他人的概念和理论进行学习。（Rinaldi，2003）

1999年，在建立了儿童委员会后，斯特灵议会做出决定，创建一种新的儿童服务方式。这种服务把为儿童和家庭提供的广泛服务，包括早期儿童服务、学校、儿童和家庭社会工作、公共游戏场和游戏项目整合成一种服务。为了支持这项行动，不同组织和群体就四项实践原则达成了一致：

- 儿童优先
- 全纳
- 质量
- 伙伴关系

要想为儿童服务的未来发展奠定牢固的基础，就必须形成适用于该服务内部从事儿童工作的不同服务部门和群体对于服务运作方式和实践要求的共同理解。为此，一支多学科的团队编写了一份工作文件，梳理了他们对于这四项原则的实践意义的理解（参见下述对这些原则的解释）。

斯特灵儿童服务：四项工作原则

儿童优先的含义是：

- 确保在所有会影响到他们的政策制定和决策中,儿童都处于中心;
- 按照符合儿童最佳利益的原则采取行动;
- 倾听儿童,积极鼓励他们在所有影响他们的事务上参与并表达观点;
- 支持儿童学习、发展技能和倾向,以提升他们的信心、自尊和独立性,以便他们能参加帮助他们面向未来、做好准备的所有活动。

全纳的含义是:
- 在家庭和更广泛的社区背景下支持儿童;
- 支持儿童获取服务;
- 促使人们尊重儿童的文化、社会和种族多样性及价值观,也支持儿童尊重他人的价值观和权利;
- 鼓励相关机构和他人变得对儿童更加友好;
- 推动并向儿童及其家人、社区提供有关服务的清晰信息。

质量的含义是:
- 推动并支持形成一种成就导向的精神和文化,鼓励儿童实现其潜能;
- 支持儿童参与并获取广泛的学习机会和经验,促进儿童的全面发展;
- 致力于提高儿童及其家人的期望和抱负;
- 采取措施确保尽早识别儿童的需要并在儿童发展的关键阶段

进行干预；

- 致力于持续改进；
- 实施监控和评价，以确保服务的高标准；
- 推广最佳实践。

伙伴关系的含义是：

- 积极鼓励和推动咨询儿童及其家人的意见，鼓励和推动儿童及其家人参与；
- 支持儿童发展他们对于自身在伙伴关系中的角色和责任的理解；
- 和儿童及其家人合作规划、开发新服务；
- 推动多主体、多学科合作；
- 承诺分享信息和专业知识；
- 和所有的伙伴分担责任、分享信任。

人们还认识到，对儿童服务做出整体改变需要具备特定的条件，以使提供服务的基本原则能够在实践中发挥作用。特别需要致力于充分利用各种各样的人及其技能，推动在最为务实的层面上做出决策，鼓励人们在建立伙伴关系、达成高质量发展的文化氛围中进行自我评价和反思。正是依靠这些背景条件的支持，倾听斯特灵儿童项目才得以逐步发展起来。

倾听斯特灵儿童的重要性：早期阶段

从1996年早期儿童服务新成立时开始，就承诺要倾听幼儿。儿童有权被倾听、被听见的信念植根于早期儿童政策框架与实践的方方面面。然而，是我1997年参加的由苏格兰儿童（苏格兰面向从事儿童及其家庭工作的组织和个人的国家机构）组织的去斯堪的纳维亚的研究考察，启发我进一步探索我们在斯特灵倾听儿童的方式。

我在丹麦、挪威参访的托儿所、幼儿园及其他早期儿童机构都积极采用一系列咨询儿童的技能。这当中包括使用故事和主题探索儿童的行为和感受，运用小组讨论去搜集影响儿童的广泛主题的观点。例如，在一个中心，使用手偶讲述的庞奇和朱迪的故事正在被用于引发儿童对于纪律和体罚的看法；一位主班教师会在各种各样的情节点上暂停讲述和手偶表演，问儿童他们认为接下来会发生什么，或者问他们对于所看到的事情感受如何。目睹这样一些技术的运用，有助于启发我们思考在斯特灵推进工作时可以采取什么方式。不过，是成人和儿童在回应儿童观点时表现出的信任和信心水平，激发了有力的反应，以及我们需要更多地考虑在斯特灵要如何更好地倾听儿童的信念。这开启了一段结果证明是令人兴奋、启迪人心的旅程，这段旅程始于我们对我们如何开始真正听见儿童的声音，并使儿童的声音可见的思考。

斯特灵有许多托儿所都积极参与儿童咨询，其中有两个儿童中心对这一方面特别感兴趣，并致力于探索就关键议题咨询儿童的一系列方法。一所是为斯特灵班诺克本区3岁和4岁儿童提供服务的帕克路托育学校；另一所是位于西斯特灵农村地区的科洛弗塔米，为2岁、3岁和4岁儿童提供延时日和全年服务的小型儿童中心。帕克路托育学校的校长特里·麦凯布被要求在进一步推动这一领域的工作发展中发挥带头作用,她开始和教职工以及孩子们一起探索一系列咨询儿童的方法。在推进这项工作的时候,我们的信念是儿童不仅有权被听到,而且他们有重要的事情要说,要告诉我们;我们思考是我们需要理解儿童正在告诉我们的信息,投入去做的结果,我们会对他们了解更多;我们的目标是让咨询儿童的过程和结果以及他们参与的影响——无论对儿童自己还是成人而言——都更加可见。

咨询方法与实践案例

在对咨询儿童进行研究的两个中心,有两个关键问题浮出水面:一个是我们想要问儿童些什么;另一个是我们怎么能以一种对儿童有意义的方式询问他们。正是在试图回答这两个问题的过程中,一系列方法和技术开始发展。其中包括:

- 小组讨论
- 调查表
- 照片板
- 使用具体形象

小组讨论是从在"主班教师和班级制度"下工作的教职工的经验中发展起来的咨询方法。在这种制度(和第六章的财富公园儿童中心采用的制度类似）下，早期儿童教育者[1]会带一个班级，通常有8名儿童。这给教育者提供了机会，可以和儿童建立亲密关系，这种亲密关系既是个体层面上的，也是作为班级成员之间的。因为班级成员总在一起工作，儿童和成人便渐渐彼此熟识，互相信任，一起分享了许多特别的时光，儿童对于表达他们的观点和想法越来越有信心。在班级中建立发展起来的共同知识和理解成了咨询儿童的重要基础。案例一向我们展现了这一切是如何发挥作用的。

案例一：小组讨论。购买新材料之"鼓"

运用照片和乐器样例进行小组讨论，来决定购买何种材料。

孩子们已经提出要求，问中心能否添置更多的乐器，让班上的每个人都能有一件。在小组中，教师向孩子们展示了资源目录里可以买到的乐器样例。孩子们和教师进行了大量谈话，讨论各种乐器。教师向儿童解释不同类型的乐器以及哪些可以选择购买。随后邀请他们在特定范围内做出选择。有一件乐器特别吸引孩子们的眼球：想到有可能买一面大鼓，孩子们都非常兴奋。面对是买几件小乐器还是买一面大鼓的选择，大多数孩子决定选鼓，尽管他们明白，这意味着仍然没有足够的乐器让班上的孩子们人手一件。

---

[1] 在斯特灵，我们使用"教育者"这一术语，而不是"实践者"，是因为我们相信，这更准确地反映了早期儿童工作者日益专业化的特点，他们将理论与实践相结合，批判性地思考自己在支持儿童早期学习方面的角色和责任。

小组讨论的影响和结果无论对儿童还是教师都是非常直接的，这引发了大量对话。有些孩子很难接受大多数孩子的决定和他们的决定不一致。有些教育者也很难接受大多数孩子的决定，担心这一决定可能会对不同意选鼓的少数儿童产生负面影响。对一些教育者而言，这导致了两难的局面。他们应该为那些失意的孩子做些什么呢？怎么处理那些孩子的情感反应最好？他们应该想其他办法以确保他们得到他们想要的东西，来帮这群孩子"摆平"吗？

这促使教工小组去回顾那些和他们作为早期儿童实践工作者的角色和责任相关的基本原则。

调查表是从倾听儿童谈论他们喜欢什么、不喜欢什么演变而来的一种咨询方法。教职工形成了这样一种理解，即如果他们能找到一种方法，从而以有意义的方式表征主题领域，记录儿童观点，那么他们就可以更正式地询问在一系列主题上儿童喜欢什么，不喜欢什么。图像符号和照片的使用构成了调查表的基础，让调查表（如案例二所示）成为就一些策略问题，例如发展规划、课程评估以及新活动的开发及人员的分配，咨询儿童的一种有用的工具。

案例二：调查表。课程规划与评估之"手工区"

调查表上展示了图像符号和照片，用于评估课程。

教师想要了解儿童对于中心组织的看法，想让儿童参与一年一度的自评过程。这一过程是"发展规划循环"(包含一年一度,教师和家长参与其中的反思和评价制度的国家框架)的关键要素。教师对于儿童如何看待中心的系列活动,以及搜集他们参与这些活动时感受如何的资料很感兴趣。

准备好调查表,上面有中心各个区域的图表和照片。儿童在小组中讨论这些区域。随后要求他们使用笑脸和哭脸的贴纸,挑选出自己最喜欢的活动和最不喜欢的活动。要求儿童把贴纸贴在相应的图表和照片旁边,并且记录下他们的评论。

艾米花了许多时间在手工区,但她却把一张哭脸贴纸放在这个活动旁边,说她不喜欢它。艾米的主班教师戴安娜非常惊讶,因为她在那里花了那么多时间。当戴安娜问艾米她为什么经常去那里时,艾米回答说,那是因为她的朋友克洛伊总是带她去那儿。另一名儿童达伦把哭脸贴纸放在了积木区旁边,说他不喜欢积木区,因为有时候"会有人撞倒我的积木"。

这种咨询活动的影响和结果给教师提供了重要的反馈。他们以前主要把注意力集中在各个区域的物质环境及其教育和课程价值上,没有充分掌握儿童之间的友谊、社会群体以及一些行为模式的影响。这些发现在教师群体中引发了一些非常详细的讨论,包括他们自己在幼儿园中的观察技能和他们在小组和个人情境下实施干预的有效性问题。他们感到,他们需要为儿童提供更多机会去发展协商技能,使儿童在挑战其他儿童的行动和行为方面变得更加果断自信,并且能够去寻求成人的支持和帮助。

笑脸和哭脸贴纸也能用于和儿童、教育者一起开展细致的工作，通过故事、戏剧、玩偶及其他活动来识别和理解儿童的感受。

照片板作为一种咨询儿童的方法，源自儿童对用照片展现特殊活动和事件时表现出的反应。教师们注意到，当儿童在中心里观看照片展示的时候，他们开始回忆、反思活动的细节并做出评论。就像在案例三中一样，照片板的使用成了评估活动和经验的一种有用工具。

案例三：评估延时日服务之"詹姆斯"

照片板上展示了儿童在幼儿园里的形象，用于评估服务的质量。

中心的教师想要更多了解儿童参加延时服务期间的情况，特别是儿童自身对于他们在那里度过的那段时间感受如何。该组每一名儿童都被出示一系列他们自己的照片，这些照片的拍摄贯穿在园的整整一天，从他们到达中心的照片开始，后续的一系列照片展现了他们如何度过在园的一天，最后以儿童离园回家的照片结束。孩子们被个别询问在中心的时候他们喜欢做什么，什么让他们开心，是否有什么东西让他们不开心。孩子们使用笑脸和哭脸贴纸发表看法，教师邀请他们把贴纸贴在他们产生相应感受的照片旁边。他们发表的评价也被加以记录。

这组有一名儿童名叫詹姆斯，他已经处于学前班的年龄了。詹姆斯每天早上八点半到达中心，吃过午饭，大约下午两点半，他的妈妈来接他。詹姆斯经常早上第一个到达中心。当詹姆斯看到一系列照片的时候，他说他进入中心的时候最开心，因为他喜欢来中心，当他的朋友们也到了的时候，他就更喜欢中心了。有两张詹姆斯和他的班级在一起的照片，一张是早上拍的，一张是午饭后拍的。詹姆斯放了一张笑脸在早上那张上，放了一张哭脸在下午那张上。当被问及为什么这么选择时，詹姆斯说："当我早上在那组里时，我很喜欢它；但到了下午，我就想找我的妈妈了。"

使用照片板的结果是，教师们感到他们对于詹姆斯在园的感受有了更深入的理解。他喜欢早上来托儿所，在有其他孩子陪伴的情况下更开心。和他的朋友们一起玩的机会对他而言比可以参加的活动更重要。到了下午时段，詹姆斯意识到快到他回家的时间了，他开始期盼这一刻的到来。这意味着他的主班教师可以计划让他和一些朋友一起参加特别的活动来吸引他的注意力，直到他离园回家。

把诸如玩偶和其他的小游戏人物这类具体形象作为咨询工具，源自儿童对于一系列已经在咨询过程中使用的其他可视化且具体的材料的积极反应。教师们注意到，在中心日常游戏背景下使用的熟悉的人物为儿童提供了一种描述人和活动的手段，并能投射或预测接下来什么会让孩子们开心。案例四解释了这种工具的用法。

案例四：幼儿园教师分工

使用小小的游戏人物去描述中心里成人的角色。

教师们对于了解孩子们如何理解中心里的成人角色很感兴趣。以小组为单位，给孩子们呈现了上面有中心主要区域的调查表，又给他们一些小的游戏人物代表老师，再要求儿童根据他们认为教师该去的地方，把这些人物放上去。

在儿童开始根据要求工作时，他们还用老师的名字称呼这些游戏人物，并且就他们为什么把某个成人放在特定区域发表评论。这些评论并没有经过提示。孩子们的评论很有见地。他们能谈及某个成人的强项、技能和弱点。例如，当儿童把一位老师放入"娃娃家"时，他们会说："她很善于和你一起在那里做事，和你说话。"

中心的老师在开始这一过程时，没有想到事情会以这种方式发展，孩子们会公开对个人进行评论。但是，这也向他们表明了，儿童对于成人和他们一起工作的方式是多么富有感知力。孩子们的评论都分享给了教师团队，尽管有时候比较敏感，但这也带来了很好的教师发展机会。

听见儿童声音的影响

对教师团队的影响

两所试点早期儿童中心的教师团队相信，他们对于儿童的需要和兴趣有着非常好的理解和丰富的知识。然而，当他们开始使用上述技术正式咨询儿童，并且让咨询儿童的过程和方法更加可见的时候，事情对他们而言就越发清楚了，即孩子们提供了很多有价值的见解，特别是和他们自身的需求、对他们有用的做法有关的内容，这些内容以前可能并没有被以适当的方式听见，或者没有被"理解地听见"。还有就是认识到记录儿童实际所说的，而不只是记录成人对儿童所说的话的摘要或解释，这一点非常重要，影响巨大。例如，在安吉拉画完她自己在雨中的一幅画后，她对她的主班教师说："这是我正在蹚水坑，我穿上了我的红色靴子，还戴了帽子。这是我的朋友琼尼，她只穿了鞋子，她说我应该趁我妈妈看到我之前出去。"如果在以前，这些内容会被概括为一条手写注释"安吉拉在雨中玩"，标在安吉拉的画下面。这种记录内容上的重大转变为教育者提供了更大、更迫切的机会去和儿童以及在彼此之间展开对话。这也会令教师们对于分享他们对幼儿的学习，以及对他们自己的学习的理解和感知更加感兴趣。

这些结果非常有影响力，在教师思考幼儿学习的方式，以及如何与儿童及彼此互动方面带来了重大的改变。最重要的变化体现在：

- 倾听儿童：渴望更清晰地听到儿童真正在说些什么，记录儿童的言说成为情不自禁的行为。也有了更强烈的意识和责任感，要去提高成人的观察技能和技术，将其作为支持和理解儿童学习的手段。

- 对话：教师讨论和小组讨论的水平和强度都大大增加了。尽管教师们都认识到了一起进行专业讨论的重要性，但他们仍然需要得到支持去分享他们的观点和思想，有些老师在表达自己的想法方面比其他老师更有信心。分享的时间和专业对话的框架为两所早期儿童机构中的成人开展小组学习创造了更多机会。

- 采取行动：儿童的声音以一种有力的方式被成人听到并理解，意味着教师无论作为个体，还是作为团队，都受到驱动去做出回应。这种回应的特点和成效是细致的教师和团队讨论的主题，有时甚至会使一些确立已久的个人理论和专业理论受到挑战。

对儿童的影响

教师报告称孩子们在分享自己的观念和态度时更有信心了，也更经常就一系列主题发表自己的看法。他们还报告说孩子们能更长时间地倾听他人说话，在倾听和重复其他儿童的观点时也更放得开。有些以前不愿意在班上说话的儿童现在公开发言时更有信心了，老师们感觉和儿童的关系更牢固了，同时，他们之间的联系和理解也加深了。

当参与过更为正式的咨询活动的那批儿童从早期儿童中心升入小学时，来自一些教师的反馈提供了有趣的信息，也引起了早期儿童服务团队的深思。特别是，有一位教师向中心抱怨称，刚刚来到她班上的孩子"过于自信"了。中心主任问她为什么这么说，她说："这些孩子总是在输出观点和态度，挑战课堂规则和决策，他们甚至还想决定按什么顺序完成他们的作业！"

儿童上小学后的这些经验在儿童服务机构内部引发了很多辩论，其中包括儿童服务机构在推动早期儿童中心和学校中的公民教育方面的角色和成效。我们讨论后认为，有必要和一些小学教师围绕他们在支持儿童成为更积极的公民，以及我们在支持幼小衔接过程中的责任展开更加开诚布公的讨论。这又进一步引导我们思考怎样才能更好地影响小学一年级的课堂的组织架构、运作模式和文化氛围，支持儿童发声。这么做的结果是，我们开始了一项包含早期儿童工作者、教师和家长，还有来自斯特拉斯克莱德大学（Strathclyde University）的研究者参与的幼小衔接行动，目的是我们能够就何为幼小衔接的优质实践做出示范。这项工作目前仍在继续。

对家长的影响

起初，有些家长对我们的做法持谨慎态度。尽管他们非常支持咨询儿童的做法，也认可要重视他们的孩子的观点和参与，但有些家长表达了他们的担忧，就如一位家长描述的，那些在早期儿童中心持续进行的事，不会在更广大的社会中发生。家长带着孩子去购物，上咖啡馆及去其他公共场所的经验是，那个"更广大的社会"总的来看并不重视他们的孩子，或者想要倾听他们的声音。流行的文化观念是，儿童还是应该"被看见而不是被听见"。

随着咨询过程的进展，以及家长讨论对话的延续，一些从前持谨慎态度的家长更多地参与到中心的工作中，支持他们的孩子参与咨询过程。这使一些家长在家也开始追随他们的孩子的兴趣。其他人则开始报告说，他们的孩子在家里变得更加爱表达，愿意和家庭成员分享想法、观点和理解。许多家长向老师报告说，他们真的为他们的孩子感到骄傲，并且很惊讶孩子们原来懂得那么多，能做那么多事。

对儿童服务机构的影响

总体而言，咨询行动的结果对新成立的儿童服务机构产生了极大的影响。有一段时间，我们已经完全相信，在斯特灵，幼儿能够给予我们非常有力的信息，我们有很多东西要向他们学习。不过，使用上述技术的经验也清楚表明了两个非常重要的构想。第一，倾听儿童在理论和实践上意味着什么；第二，幼儿拥有丰富而令人惊讶的潜能。

听见儿童的声音

这种咨询幼儿的经验引发了大量讨论、对话，包括对于幼儿，我们认为我们正在听见什么，看见什么，感受到什么和理解了什么的对话，还有为什么我们以前在倾听儿童的时候明显那么具有选择性。我们开始理解成人在倾听儿童时的选择性背后的复杂性，它源自文化上的和专业上的某些假设。例如：

- 我太忙了，无法倾听儿童：在繁忙的早期儿童机构，成人要全神贯注于重要的常规工作，承担与机构运作有关的职责，因此会错失重要的信息。
- 这不重要：或许我们有时候没有听到某些重要的信息；或许有些信息"脱离情境"，因此没什么意义；或许我们觉得没必要了解所有的事情。
- 我无法接收所有的东西：在一个大环境中，孩子们一直在聊天，积极参与活动，我们的观察系统可能不允许我们捕捉我们接收到的所有信息。

- 要按外部议程工作：如今对于早期儿童服务的大量需求所带来的外部压力日益增加，包括国家课程框架、照护标准、质量指标和许多其他的要求。或许我们正变得易受这些议程影响，只能听到与之相关的信息。
- 我们已经忘了吗？我们已经忘记什么对孩子而言才是重要的，忘记儿童是最能够敏锐感知世界的人了吗？
- 我们害怕吗？我们害怕不知道答案，害怕尴尬或者失控，抑或受到挑战吗？

现在我们从儿童那里获得的信息，对我而言意味着我们需要提出一系列不同的问题。莫斯和皮特里（Moss and Petrie，2002）已经指出，在儿童服务方面，"在我们能找到正确答案之前，我们必须先决定哪些是正确的问题"（p4）。提出问题，而不是立即寻找答案的过程，才是我们能够现场应用，并得到有意义的结果的方法。于是我们改变思路，开始发问：

- 我们怎么才能确定我们没有错过重要的信息？
- 我们在听到、看见和感受儿童的观点方面做得有多好？

倾听教育学

提出新的问题鼓励我们对第二章提出的倾听教育学做进一步的反思和重新理解。我们开始深思并探索倾听的多元形式，包括内在倾听和外在倾听，以及倾听的含义及其影响的社会和政治复杂性。而马拉古奇的"儿童的一百种语言"理论，则是我们思考的中心。这一过程产生了极大的成效，帮助我们达成了对于倾听是一种"文化和生活方式"的全新的、更为根本的理解。我们还理解了倾听带来的，按照我们所听到的内容去采取行动的责任。

采取行动

采取行动需要勇气。倾听儿童之后采取行动，有时意味着不得不改变已经做出的决定。这有时会暴露出我们成人思维和理解上的差距。采取行动意味着，我们不得不认识到并承认这一点，或者说承认我们错了，可能更重要的是，承认我们并不是什么都懂。

作为我们扩建早期儿童中心计划的一部分，我们想要了解儿童对于我们设计的新环境的看法。我们特别渴望了解他们喜欢在儿童中心做什么，哪些设计让他们感觉最好。我们大范围咨询了来中心的儿童，而他们告诉我们的最强有力的信息是他们渴望并需要拥有户外游戏空间。这在两家试点儿童中心——帕克路和科洛弗塔米都是毫无疑问的，那里的儿童都不断地表明他们渴望玩户外游戏。

儿童对于户外游戏的看法，无论是程度还是细节都让我们无法忽视。我仍记得那一天，在我的办公室读完所有来自儿童的信息和证据后，我意识到，就儿童服务做出的决定再也不可能和以前一样了。儿童带入这一过程的观点不仅提升了改进的可能性，而且打开了我们作为成人有时候完全没有想到的新视界。而对于倾听儿童的这种新认识、新理解所带来的责任，无论在专业层面，还是在个人层面，都让人感到如此艰巨。

源自儿童的信息所带来的结果是，我们改变了我们的扩建计划。我们引入了一项名为"变革基地"的行动，推动用新的方式开发户外游戏区域，以拓展和丰富儿童的学习与发展。这种做法的结果是：

- 在所有新环境中都对户外区域和室内区域的开发予以同等考虑。

- 设立"学习基地基金"，把来自儿童服务机构、环境服务机构和苏格兰遗产的资助汇总到一起，为儿童中心开发户外区域提供拨款支持。

- 由内而外和由外而内，引导和伴随教师发展，以支持早期儿童工作人员开发、管理和设计户外区域，促进儿童学习，并改变对户外游戏区域使用方式的态度。

这给正在发展中的斯特灵早期儿童服务带来了重大改变。现在几乎所有的机构都改进了户外区域，目的是让儿童能够接触到完全整合的课程，以确保他们在室内和户外都感到幸福，获得发展并得到学习机会。如果我们严肃对待咨询儿童的事项并支持他们参与，这就意味着我们需要做好准备，根据咨询儿童和儿童参与的结果来做出改变。

作为伙伴的儿童

我们通过咨询幼儿获得的经验和新理解如此令人兴奋、发人深省,以至于我们感觉我们需要在更大的范围内加以分享。"儿童作为伙伴"(Stirling Council,2001)是一份咨询幼儿并支持他们有效参与的指南,设计这份指南的目的是支持斯特灵的所有早期儿童工作者把咨询儿童的原理和过程落实在实践中。我们也相信,作为一个民主的过程,咨询儿童并鼓励儿童参与应该成为我们所有的早期儿童机构日常实践和基本方法的有机组成部分。

毫无疑问,这里需要强调的是,成人要为听见儿童,更有效地倾听儿童负起责任,而不是把问题推到儿童身上,认为他们必须更加清楚地"告诉我们"。这也要求成人对于儿童和成人之间的权力关系有更好的理解。已经在采取行动的一些儿童中心设定了一系列原则和价值观,用来支持其他儿童机构从事这方面的工作(见下)。

"儿童作为伙伴"指南:基本原则和价值观

- 儿童的权利应当受到尊重:这里面既包括儿童被听到的权利,也包括儿童观点被纳入成人决策参考的权利。
- 成人必须倾听儿童并予以回应:儿童用许多不同的方式给我们提供信息。重要的是要确保采用有效的方式支持儿童去交流他们的观点。
- 参与需要时间:儿童更能从如下情况中受益,即成人始终如一地咨询他们，支持他们参与，以便充分理解他们的期望和对结果的期待。

- 咨询和参与不同于得到你想要的结果：儿童学习咨询和参与的一个重要内容，是认可其他儿童的观点。这对一些儿童来说可能很困难，成人需要找到方法在这一过程中为他们提供支持。
- 只是咨询还不够：我们怎样对待咨询的结果，我们的发现如何影响我们的实践，这些都是至关重要的。找到有效的方式去和儿童分享这些结果也是非常重要的。

有效的儿童咨询也认同发展一种参与文化和精神，在成人–儿童关系中承认成人的权力和责任的重要性。

儿童声音的力量

我们在斯特灵学到的是，儿童声音的力量能改变视角，改变成人对于儿童如何学习、学习什么的理解，改变我们的儿童观。我们能更清晰地看到他们惊人的潜能，他们的丰富性，他们的天赋，他们对于世界及其如何运行的理解，他们对自身还有周围的其他儿童，以及和他们交往的成人的感受。

山姆和克雷格

山姆和克雷格是杜恩幼儿园的两名4岁儿童。山姆的妈妈是巴西人，山姆刚刚从在巴西的第一次家庭度假中返回。这次度假还包括了野外旅行。山姆对野生动物特别感兴趣，当他来幼儿园时，他们为他提供机会进行与野生动物有关的游戏和学习。下面这段发生在山姆和克雷格之间的对话，是他们在幼儿园玩野生动物游戏时记录的。

  山姆："这是一群动物。它们正一路从阿拉斯加迁往巴西。它们都低着头，这样就能听到大头领的声音了。"

  克雷格："大头领就是前面那头母牛。"

  山姆："这里是巴西。巴西是一个非常重要的地方。那里有很多草，还有一个非常重要的人物——另一位女王。这位女王是一位美洲虎妈妈。"

  克雷格："它们需要更多的草，而这里没有多少吃的。"

  山姆："阿拉斯加非常干燥。而巴西非常湿热。"

  克雷格："有很多好吃的草。"

  山姆："是的，因为总下雨。"

  克雷格："把亚马孙河都填满了。"

  山姆："亚马孙河是条很大的河。"

  克雷格："短吻鳄就住在那里。"

  山姆："就是叫作开曼鳄的鳄鱼。"

  克雷格："我家里有一本短吻鳄的书。"

  山姆："亚马孙河又长又深。那里有许多食人鱼和鳗鱼，电鳗。动物们走了一天又一天才能到达巴西。"

  克雷格："那就是两天。"

  山姆："巴西有这么大。"

克雷格:"它们需要低下头才能驱赶一些小动物。"

山姆:"不,克雷格,不是那样的——它们正在听大头领说话呢。这些动物必须游泳过河,才能吃到肥美的草。巴西在美洲底部,阿拉斯加在顶部。亚马孙河是美洲最长的河,比南美洲的另一条河还大。水牛生活在那里。"

克雷格:"巴西是一个特别的地方。"

山姆:"巴西就要赢得世界杯了。我妈妈说的。"

总体而言,这个片段和我们记录的许多其他片段所告诉我们的东西如上所述。更具体而言,这个小片段向早期儿童工作者展示了:

- 儿童无论是内在倾听还是外部倾听,抑或互相学习方面表现得有多么好。
- 他们一起交流得非常有效。
- 尊重他人和尊重地方的水平都非常高。
- 他们意识到了他们肩负的责任。
- 幼儿已经成为当今世界的积极公民。

记录和分享对儿童声音的理解,其意义重大,"分享记录实际上就是在使学校内外的童年文化更加可见,以成为真正的交流和民主行动的参与者"(Rinaldi,2003)。而在斯特灵,对我们而言,其意义在于我们借此评估并更好地理解了:

- 环境:理解儿童声音的力量,意味着注意儿童生活和工作的环境,以确保无论室内还是户外,都是受欢迎的、吸引人的,并且运作灵活、开放透明（无论从空间、光线，还是从诚实、信任的角度看都是开放的），最重要的是都鼓舞人心。

- 儿童的学习：我们现在非常重视去更多了解儿童的学习，这意味着我们现在会更为系统地记录儿童的早期学习和研究，使之更加可见，以便进行辩论、讨论和对话。
- 成人互动：所有这些都意味着我们更好地理解了，儿童和成人能够一起成为学习者和研究者，倾听"一百种语言"，并且成人和儿童的互动及关系，在任何时候都必须是尊重的、有意义的、信任的和反思的。

结论

从我们最早着手到现在取得的进展，对我们而言是一场改变生命的旅程。在斯特灵，我们一直致力于积极寻找办法投入咨询儿童的工作，思考并促进儿童的参与，以一种有意义的方式记录这一切。

在以这种方式工作的时候还面临很多挑战，不只是我们将儿童视为潜力丰富、有权得到倾听的专业儿童观，以及在我们的社会仍被广泛持有的、其主流是继续把成人的权利看作至高无上的儿童观之间的落差。认识到并非所有成人，包括一些教师和儿童居住的社区的居民，都对像我们那样去倾听儿童感兴趣，这让我们展开了辩论，辩论我们是否正在把儿童暴露在成人的敌意之下。

鼓励儿童运用"他们的声音"，支持他们的声音被听到，这意味着他们在参与民主实践。随之而来的影响力挑战了成人的权威。对于这一做法的影响我们是经过深思熟虑的，我们相信儿童正在发展的技能对他们的生活有益，并且最终会让他们作为个人，作为社群成员，令整个社会从中获益。然而，我们也接受另一项新的责任，即和地方社区及其他人更紧密合作，去分享、交流有关儿童参与的看法和理解。

儿童从学前到小学的衔接也带来了另外的挑战。尽管在斯特灵，推动并支持儿童参与文化的政策背景适用于所有儿童服务机构，这意味着已经就此给学校指出了明确的方向，并且也有许多儿童参与的好例子，但仍有一些因素阻碍儿童参与。这些因素包括在早期儿童服务和小学之间成人与儿童比例上的差异（苏格兰和英格兰儿童上小学的年龄相对较早，是在5岁的时候）、国家学校课程的影响，以及一些学校教师和管理者在文化态度和假设上改变速度的差异。

这意味着在同一所儿童服务机构的不同环境中，我们看待儿童及和儿童工作的方式之间可能有差异，在一些案例中甚至有很大差异。在斯特灵，我们真正致力于要改变这种状况，我们在地方上正在尝试通过教师发展和其他早期儿童服务和小学的教育者参与的行动来解决这一问题。这需要花些时间。

支持成人用这种参与式方法和幼儿一起工作，需要在早期学习理论和实践上对整个变革过程深思熟虑。我们的一些早期儿童教育者发现参与这一过程非常困难。对有些人来说是不愿意改变，对另一些人来说是害怕不知道怎么做或怎么想。

广泛而持续的教师发展仍然是这种工作方式取得成功的基本要素。我们的教师发展项目的核心是促进并支持教师参与阅读和对话，以及分享实践。这些活动正在早期儿童中心工作的团队和群体中进行着。与之相伴随的是所有教师都有机会提升技能，更新资质。例如，一个中心的12名教师中，有10人正在修习早期儿童方面的学位课程。目的是鼓励教师成为更具批判性的思想者，使其对于和儿童一起成为"研究者"更有信心。

和我的同事帕特·沃顿一起，我们现在正在把工作推进到下一阶段。我们正在参与研究并开发我们称为"斯特灵早期学习记录方法"的工具。这种方法指的是，我们通过记录儿童和他们的老师之间分享的经验，使得儿童如何探索和学习，以及如何理解世界的过程变得更加可见。这种方法的开发是我们咨询儿童过程的直接结果。当我们开始更系统地记录儿童的观点和儿童咨询的结果时，我们能够更清楚地看到我们正在听见的东西的影响和重要性。

我们已经被儿童告诉我们的东西所引发并唤醒，发展新的可能性。我们借助和雷焦儿童及卡琳娜·里纳尔迪的联系，现在正在受到激励和支持去推进这方面的工作。我们也在和来自斯堪的纳维亚、新西兰的，已经采用这种工作、思维和学习方式的同事们建立新的国际联系。

越来越清楚的是，我们的这种工作方式不仅给我们成人，也给儿童自身提供了真正重要的证据。它让我们感到迫切想要去更多地了解儿童和我们自己，更加密切地观察，探寻意义和理解，去记录，去倾听。我们现在感觉我们已经沉溺其中，就如斯帕杰尔里（Spagiari，2004）指出的，"搜集"不可见的"部分"，目的是让不可见的儿童那隐蔽的潜能变得可见。

我们在倾听儿童，听见他们的声音方面的经验，让我们的儿童观发生了"集体的"改变。我们正在开始转变我们对儿童的文化假设和建构，去认可和承认儿童及我们自己都拥有更大的丰富性和潜能。这已经对斯特灵早期儿童服务的开发和设计方式产生了巨大影响；这已经改变了做儿童工作的教师的思想，也改变了我们这些制定政策的人的思想。我们也只是刚刚开始理解这对于更广大的社区的潜在影响。

对于儿童和我们自身的新理解不仅仅来自我们的阅读，或者其他同事分享的富有启发性的思想和实践，其发生也是因为我们能够亲眼看到了它，我们一起听到了它，更重要的是，我们以最为有力的方式感受到了它。而其则为我们开启了无尽的可能。

参考文献

Moss, P. and Petrie, P. (2002) *From children's services to children's spaces: Public policy, children and childhood*, London: RoutledgeFalmer.

Rinaldi, C. (2003) 'An audience with Carlina Rinaldi', MacRobert Arts Centre, Stirling University, September.

Spagiari, S. (2004) From a paper presented at Crossing Boundaries, an international conference in Reggio Emilia, Italy, February.

Stirling Council (2001) *Children as partners*, Stirling: Stirling Council Children's Service.

8. 超越倾听：
评估能成为其中一部分吗？

玛格丽特·卡尔、卡洛琳·琼斯、温迪·李

本章我们从地方经验的探讨转向国家经验的探讨，介绍新西兰的国家经验。自20世纪80年代后期以来，新西兰投身于早期儿童服务的一场激进改革。这场改革由一个具有奉献精神的个人和组织组成的强大团队所引领，并且因一场本土毛利人少数族群和非毛利人多数人口之间在平等、互惠和尊重的基础上发展新型关系的更广泛的国家运动而意义更加丰富。这场早期儿童服务改革在某种程度上是结构性的：所有的服务都成了教育部的职责；开发了适用于许多不同类型服务的共同准则、课程和资助框架；从业人员方面也进行了改革，提出了新的早期儿童教师资质要求（到2012年要求大多数机构的所有人员都达到），并且就在整个教育从业者群体（无论是教18个月大儿童的，还是教18岁学生的）中引入薪资平等达成了协议。

但是改革运动也是从教育的整体概念，即"最广义的教育"出发，重新思考早期儿童服务的。在20世纪90年代早期，新西兰开发了国家早期儿童课程，其基础是把学习理解为一种互惠关系的过程，把儿童理解为有能力的人。两者都突出了儿童的声音的重要性。本章探索了在改革过程中产生的问题之一：如何倾听儿童的声音，同时又对儿童进行评估。

当儿童得到倾听的时候，权力的天平是倾向于儿童的。然而评估工作表明的是，成人有一套预先设定的计划，在这种情况下，权力的天平大大地倾向于另一端，也就是成人一边。评估工作总是和规范、分层和分类紧密相连。而本章提出了另外一种可能性，如果采用某些方法，评估工作也能为倾听儿童的声音提供空间。这表明了，如果我们重新定义评估的目的，我们就能找到不同的评估方式，为真正地倾听儿童提供条件。简言之，如果我们把评估的目的重新定义为注意、识别和回应有能力且有信心的学习者和交流者，那么儿童的声音就会在定义和交流学习当中大有用武之地。

除了教师如何能在头脑中有教育计划的同时"真正倾听"儿童这一核心难题，本章还讨论了三个相关问题：第一是学习者的形象，以及它是怎么影响我们定义"教育计划"的，也就是倾听儿童的理念问题；第二是如何让评估工作与学习者的形象相一致，因为评估工作的影响力决定着教育计划的成败；第三是儿童参与评估可能带来的结果，即在我们倾听儿童之后会发生什么。

这场讨论发生在两个特定的背景下。第一个背景是新西兰的早期儿童课程。第二个背景是某种类型的数据集合，是为新西兰教育部准备的、用以支持国家课程的评估资源。源于这两个背景的例子解释了我们的观点。这些关于课程和评估工作的例子并非普遍意义上的最佳实践的典范。就如莫斯和皮特里指出的，提供案例的同时也提出了问题。这也是我们的观点：

> 最好把案例当成刺激物来看待和使用。它们应该让我们惊讶，让我们思考，提出关键问题，在我们认为理所当然的地方发现独特性，阐明隐含的理解和价值，让叙述中断，为我们打开新的可能性。（Moss and Petrie，2002，p148）

作者们解释了他们所谓让叙述中断是什么意思，指的是如同罗斯对批判性思维的讨论：

> 对那些在我们现在的经验中好像是永恒的、自然的、毫无疑问的事物持一种批判态度……这就是要把一种尴尬引入某人的经验脉络中，打断表达那些经验的叙述的流畅性，使之中断。（Rose，1999，p20；转引自 Moss and Petrie，2002，p148）

我们深信，所记录的真实情境中的真实儿童的案例为有关理论和实践的生动辩论提供了载体，也为中断广为接受的叙述提供了机会。评估的主题是此类辩论和其他解读的丰富来源。而且，如果我们在定义和交流学习的视角中把儿童的也纳入进来，那么常常是儿童的声音会"让我们惊讶，让我们思考，提出关键问题，在我们认为理所当然的地方发现独特性，阐明隐含的理解和价值，让叙述中断，为我们打开新的可能性"。下面是来自早期儿童中心的一个例子（Carr，2001b，p67）。

瑞秋和杰森都4岁。艾莉森（教师）正在杰森的要求下教他写约翰的名字。瑞秋抱怨有人在追她，打断了他们。

  瑞秋："艾莉森。"

  艾莉森："唉。"

  瑞秋："有人想要追我们。"

  艾莉森："哦。这种情况下你需要做点什么呢？"

  瑞秋："我不知道。"

  杰森："快点跑，逃走……"

  艾莉森："有没有什么你可以对他们说的？"

  瑞秋："走开！"

  杰森："我……我……我绊……我绊倒他们然后跑开。"

  艾莉森："还有别的办法，你可以用别的办法。你可以告诉他们'不要再追我了，走开'。这也是一个办法。"

  杰森："是的。"

杰森不大可能说服艾莉森，这些是对付那些讨厌行径的新办法、合适的办法；然而，对观察者而言，很明显的是，在这里，哪怕是像这样极端的、可能不可接受的选项，儿童也可以考虑和表达。我们认为,杰森正在尝试让一个常规叙述(关于如何处理令人讨厌的行为)"中断",而教师则把自己的观点描述成"也是一个办法",而不是"正确的方法"。

倾听幼儿

"但我是个强盗。他们是不喝茶的。"

"彼得不是强盗。哦,不。"

"他偷了那些钱,所以他是强盗。"

"麦克格雷格先生太吝啬了。所以彼得那么做没问题。我是你妈妈。如果我等你的话,你就不能做强盗了。"(Paley,2004,p58)

在早期儿童机构,如果教师倾听儿童,儿童很有可能会彼此倾听,由此创造出一种多元倾听(里纳尔迪在本书第二章中用这一术语对其加以描述)的整体氛围或倾向。薇薇安·佩利书中描述的一些与儿童的对话就是这方面的例子。这部分开头引用的对话来自她的书《儿童的工作》(A Child's Work)。特蕾莎给了威廉姆一杯茶,但是威廉姆现在正在扮演彼得兔(Peter Rabbit)(来自比阿特丽克斯·波特的一本书)的角色,坚持强调不喝茶,因为彼得兔偷了钱,所以他是强盗。佩利对这样的对话很感兴趣。她指出:

这是一段可圈可点的对话。逻辑很清楚:强盗没有妈妈在等他们,给他们茶喝。至于偷一个吝啬的人的钱是不是可接受

的，这个问题会再次出现，现在想法已经出来了，激发了新的对话。（Paley，2004，p58）

佩利教室里的儿童知道她正在仔细倾听他们，而且不明白他们说的是什么意思。他们之所以知道是因为她会回顾对话，把它们写下来。她心中有一个目标：帮助儿童就一系列让他们感兴趣的主题彼此交流，以理解儿童的世界。

教师们都知道，真正倾听儿童不是一项简单的任务，当我们有一个主题或者要去追求某些"学习结果"时尤其困难。劳斯·赫舒休斯曾经写过她是如何摸索她自己的倾听能力的。她描述了她对于真正的倾听是什么样的看法："真正倾听的人会处于安静、沉着的状态。他们的头脑不会去权衡、评价、判断或形成要主动提出的建议。这种状态很罕见，但是很美好。"（Heshusius，1995，p118）。

从这个角度看，做到"真正的倾听"的同时还评价或判断是不可能的。赫舒休斯还指出：

显然，当我认为我在倾听的时候，我的大部分注意力在我自己身上：我不知道别人的信息对于我自己有什么意义；对于我这样的角色（例如作为教师、母亲）的人应该说些什么，我只有模糊的印象；我考虑接下来我能对那个人说些什么，以便将话题引向另一个更有趣的方向。（Heshusius，1995，p118）

本章会探索，但肯定无法解决如何平衡真正的倾听和我们身为教师头脑中必须牢记教育计划的难题。佩利的工作表明平衡是可能的；但是她显然也没把自己当成教师，要去引导主题走向另一个方向，或者让自己关注某种在这个通过测试强调绩效的时代困扰许多教师的"学习结果"。如果教师同时要进行评估的话看起来会是一个更大的难题。倾听（赫舒休斯意义上的）和评估看起来是非常不兼容的工作。就如里纳尔迪在第二章中所说的（见本书37—38页）：

> 倾听不易。它需要深刻的意识，同时需要我们暂停判断，特别是我们的偏见；需要对变化持开放态度。它要求我们清晰地意识到未知的价值，并且能够去克服当我们的笃定遭到质疑时所经历的空虚感和不安全感。

仔细倾听儿童的声音的教师会拥有一种特别的儿童形象和学习者形象。此外，那些仔细倾听儿童，同时尝试去"评估"儿童的教师也会有一种特别的评估观。这些形象和观点将不可避免地包含不确定性。"发展是一个难以捉摸的隐蔽过程，通常隐身于视线之外"（Nelson，1997a，p101）。

学习者的形象

"我真的很擅长写字母……有时候，我忘了有些字母在底下，而有些字母在上面。最不公平的事就是有些字母从底下开

始"（萨拉，5岁）。（Duncan，2004，p14）

在早期儿童机构或者学校的教室里，教师倾听儿童总是为着一个目标。有些东西是超出倾听之外的。在佩利的案例中，倾听儿童的目的是解释和帮助儿童探索生活的意义。她对学习者的看法是，通过展开、回顾和改变他们自己及其他人的故事，学习者能够理解自己的生活。然而，她也乐于接纳模糊不清，接受"没有确定性，也没有答案"的状态（Paley，1990，p11）。

然而有些时候，我们头脑里的目标要窄得多，因为学习者的形象是极为不同的。读写学习背后就有两种学习者形象，能够解释我们的观点。例如，头脑中装着读写学习，倾听儿童的目标可能是我们想要参考读写技能的层级框架来对他们的能力进行分级。使用这类框架让我们能够对学习者按水平进行分类，然后为他们按顺序提供活动，让他们能按照一定的序列攀爬技能累积的阶梯。

另外，我们头脑中也可能装着一种读写实践框架，把儿童看作越来越能干的读写实践者。例如（改编自 Luke and Freebody，1999），我们曾经提议存在四种读写实践（Carr et al，2005：即将出版）。我们都曾多次使用这些实践类型，而且它们不是按特定顺序出现的：

- 倾听并观察他人运用读写能力（罗格夫称之为"有意参与"）（Rogoff，2003，p317）；

- 有目的地运用读写系统和技术（包括"破解编码"：识别和运用基本单元、模式和多种读写传统）；

- 灵活尝试运用各种读写的单元和技术；
- 批评：成为批判性分析者。

在我们看来，在本部分开头引用的萨拉的评论，表明她是一个批判性分析者。这是她上学的第一年，她所评论的是她的写字课上得前后不一致（因此对学习者而言也不公平），要求有些字母从下面开始写，有些字母从上面开始写。下面还有一个例子，在这个例子中，教师通过倾听约书亚的评论意识到，他对于故事线索有着不同的看法（教师把这个片段作为一个"学习故事"记录下来，对于"学习故事"这种评估方法本章后面还会解释）。于是教师邀请约书亚作为批判性分析者，并且改变了故事的结尾。

学习故事：一个吸引人的结尾

当我读《黏糊糊的青蛙》(*The Icky Sticky Frog*)时，约书亚站在我背后凝神观看。有一个情节是青蛙发现了它那倒霉的猎物，然后用它长长的、黏黏的舌头将其吞了下去。快到故事的结尾，青蛙发现了一只蝴蝶。不过这次，不是青蛙吃掉它的猎物，而是一条鱼一口吞掉了青蛙。约书亚盯着最后一页的画面看了一会儿，然后说道："蝴蝶在笑。"

"嗯，"我表示同意，"你为什么认为蝴蝶在笑？"

"我认为应该是青蛙在笑，可是它在鱼肚子里。"

"你认为这个故事的结局应该不一样吗？"我问。

"是的。"约书亚说。

"你认为结尾应该是什么样的呢?"我们一边继续看故事的发展,我一边问。

"我认为鱼应该吃掉蝴蝶!"约书亚说,他高兴得两眼放光。

短评(由教师撰写)

当小组人数不多并且容纳得下的时候,我们经常看书,阅读故事。约书亚很想放下书包到外面去玩,但是这本书引起了他的兴趣。我发现他对于这本书的结尾的评论很有意思,因为它触及了我在读某些故事的时候感受到的失望。(《姜饼人》就是跃入脑海中的一个这样的故事……)我找到了一份我近期参加的一个有关读写的工作坊提供的讲义。讲义里描述了"会读写的人的四种角色"(后来在1999年,Luke 和 Freebody 把这一描述改为了"四种读写实践"——作者)。其中一个角色就是文本分析者,即参与者会挑战某个文本中呈现的观点。我才意识到约书亚所做的刚好就是这样一件事。我们认识到,读写涉及的东西很多,它不仅仅关乎读和写,还包括批判性地看待文本的能力。

学习者的形象通常还包括对于何为"更好的"学习者的看法。这类学习者的才能(至少)具有三方面的优势(Luke and Freebody,1999; Claxton and Carr,2004)。它们分别是:技能的广度(跨越一系列社会活动);学习者拥有的能加以控制、影响或负责的程度;运用的灵活性和复杂性的提高(包括能在多大范围内进行一定程度上的批评、改变和重新设计)。投入读写实践扎根于日常探索和目标的儿童空间（Moss and Petrie, 2002）当中，能为儿童提供加强这方面学习的可能性。而投入儿童被倾听、他们的声音能起作用的儿童空间中，则是达到后两个方面，也就是控制和批评的必要条件。

在下面的例子中，儿童变成了老师，这是儿童承担责任的一个常见变化（见第三章中的一个例子）。这是伊琳的评估记录的一个开头，由她的一名幼儿教师撰写。

学习故事

当斯蒂芬妮今早来园的时候，她没有上面写有她名字的储物柜。我说我会解决这个问题，把她的名字写上去。

当我说我的一个"e"写得不太好时，伊琳正观察着这一切，她告诉我她会教我怎么把"e"写好。

她拿过我的钢笔，消失在一张桌子旁。

几分钟后，她带着一个漂亮的、由一串点点组成的小写字母"e"回来了。我认真地看着这些点点，伊琳似乎认为我已经掌握了写好"e"的方法。

她脸上露出微笑，告诉我她已经完成了她那天的教学工作。

短评

伊琳对我的"困境"负起责任，并为解决困境采取了行动。显然，她也是用同样的方式学习的字母，而且她学得非常好，还能够把这些信息传递给他人。

在这个案例中,更为常见的由老师规划和评估,然后儿童调整回应的过程被中止了。回顾伊琳档案袋里的这些书面评估材料提醒她,她常常就是专家,能够教别人是成为一个有能力又自信的学习者的表现。这位老师也感觉评论她自己的错误或不足是值得的,大概也解释了如下理念:变得有能力又自信的过程包含了犯错误。

特法瑞奇(Te Whāriki)

我们的学习者形象不只是关于如何让他们在文化读写实践中成为能干、有信心的参与者。用新西兰早期儿童课程(New Zealand Ministry of Education, 1996)——我们所有人都用更简短的特法瑞奇称呼它——里的话说,学习者的形象包含幸福、归属、贡献、交流和探索五条线索。特法瑞奇是一个毛利语单词,意思是供所有人站立其上的编织的席子。新西兰早期儿童课程便将编织作为其核心隐喻(Carr and May, 1994)。每一个中心或其他早期儿童机构都从一个线索和原则的框架出发编织它自己的课程:"这有许多可能的模式。这是一种没有'食谱'的课程,更像一本'字典',为个人和中心通过谈话、反思、规划、评价和评估的过程编织开发他们自己的课程提供指引"(May and Carr, 2000, p156)。

开发特法瑞奇课程的时候,正值政府对早期儿童中心的资助平均达到其运营费用的50%,并且学校使用的国家课程正在撰写之时。政府看到早期教育课程能够成为推行绩效的基础,希望这会有助于从出生到高等教育系统的无缝衔接。然而,当早期教育课程最终出现时,它和围绕传统的七个学习领域(数学、科学、语言、技术、社会科学、艺术及健康和体育教育）组织的学校课程是非常不一样的。

早期教育课程的与众不同要归因于早期儿童领域和课程开发过程的许多特点。新西兰的早期儿童领域是由众多不同类型的服务构成的，每一类对于目标和课程都有独特而坚定的看法。这些服务包括以家庭或 whānau（对毛利土著居民而言的意思是拓展家庭）为本的服务：如游戏中心和 nga kōhangareo（毛利人的浸入式早期儿童中心），在其中，与家庭和社区的联系是课程的基本原则。课程开发经过了同来自这些广泛的服务机构的实践者的漫长讨论，最终形成的二元文化课程框架（主线和原则以毛利语和英语表述，但两种语言表述被看作平行的概念，而不是翻译）很大程度上归功于协商过程，这一协商过程的核心是把毛利参与者纳入开发团队。mana 的概念对毛利参与者来说是核心，这是一个在英语中没有对应单词的概念，它包括了权利、完整性、地位和赋权的理念（有关特法瑞奇课程的开发和理论框架，参见 Nuttall，2003）。

特法瑞奇课程中有关学习者、学习和评估的观点与本章提出的问题，倾听幼儿——评估能成为其中一部分吗？这两者是相关的。检视课程能够为搞清倾听儿童的目的提供一些线索。特法瑞奇课程指出，课程要在地编织，邀请家庭、社区和儿童自身都参与并发表看法。有四项原则构成了课程的理论框架：课程是互惠性和回应性的关系（与人、环境和事物），与家庭和社区的联系性，整体性以及"赋权"。同样的原则也适用于评估实践。

（在学习共同体中）参与，而不是获取（一套技能和知识）的隐喻是贯穿整个课程的主题。斯法德（Sfard，1998，p11）阐述了这两个隐喻对于教学和学习的意义。她总结认为，这两个隐喻有各自不同的目的，但是如果：

……有人关注的是诸如使学习能取得成功，或者让学习不断失败的机制这类教育议题的话，那么参与式的方法可能更有帮助，因为它否定了认知和情感之间的传统划分，把社会因素带向前台，因此涉及的可能相关的方面就要广得多。

斯法德指出，获取和参与不是相互排斥的。它们可能在同一课程中轮流登场；尽管参与是总体原则，但技能的获取有时候仍是最重要的。聚焦于互惠和回应关系的教育计划，其优势之一就是它鼓励从教与学的互动角度，而不是从个体心理学的角度来解释教育。列夫·维果茨基是教育的社会文化理论领域的重要理论家，他使用的俄语词 obuchenie 就兼有教和学的意思（Mercer，2001，p152）。在新西兰，毛利语（本土的）ako 一词也兼具教和学的意思。特法瑞奇课程中包括学习者和学习环境紧密相连的表述，因此特法瑞奇课程同时适用于两者。

儿童在成人和儿童交谈也彼此交谈的环境中学习交谈。儿童在既重视探索，又可以进行探索的环境中学习探索。（New Zealand Ministry of Education，1996，p19）

学习是互惠性和回应性的关系，这是一种分布式的观点（Perkins，1993；Salomon，1993）：这种理念认为学习是"横跨"人、环境和事物三个范畴的。分布式或情境性视角下的学习者观念聚焦于：

……参与能帮助人们在个人投入巨大的社区中维持人际关系和身份。这种观点强调的是，人们的身份是如何从他们在社区中的参与关系中衍生出来的。根据这种观点，学生能够通过参与学习受到重视的社区而变得愿意参与学习。（Greeno et al，1996，p26）

按照这种观点，学习者会越来越擅于参与分布式系统，越来越有能力识别、尊重、管理、发展和转变支持网络。下述评论是一位家长对于迪伦评估档案中的一个故事的书面回应。在故事里，迪伦做了一个雷鸟积木人（一张压膜图片，插在底座上，在积木区游戏中使用）。在这一过程中，他决定给用胶枪为他提供帮助的简老师拍一张照片。照片放在了就此事缩写的故事当中。在评估表的"接下来做什么？"部分，老师已经写下："让我们问问迪伦！"他妈妈问了他，然后在记录中加上了下面的评论：

我问迪伦"接下来做什么？"，他说我们可以再做一个史瑞克积木人（史瑞克是迪士尼同名电影中的英雄），并且他会拍一张简在做这件事时的照片放进他的档案里。然后我问他我们要从哪里搞到史瑞克的照片，他先是说"从仓储超市（一种零售商店）"。随后我提议或许他爸爸能在电脑上为他找到，再把它打印出来。

迪伦已经提出了他的看法，在这项特别的工作（做一个史瑞克积木人）中，对学习的支持将会来自老师和仓储超市。他的妈妈又加上了进一步的建议：他的爸爸和计算机。迪伦也正在准备给提供帮助的老师再拍一张照片。

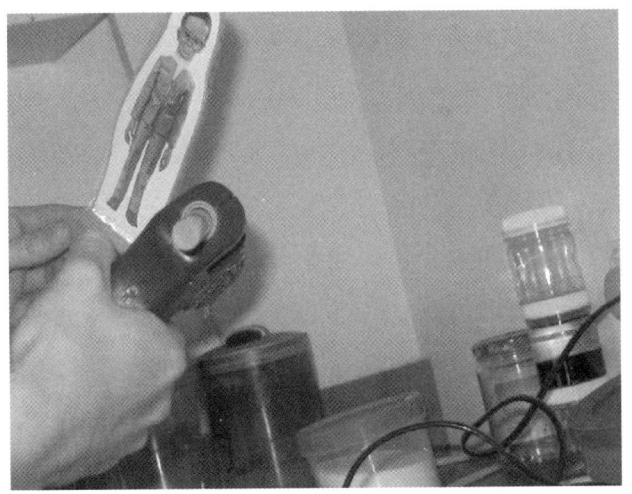

照片 8.1：迪伦拍的简帮忙时的照片

照片8.2：完成的作品

评估工作要和学习者的形象一致

汉娜："我真的害怕SAT考试（标准化评估测验）。奥布莱恩太太（一名学校教师）来对我们谈我们的拼写，我不擅长拼写，戴维（班级教师）在给我们发乘法表，所以我害怕我就要做SAT了，我什么也不会。"

戴安娜："我不明白，汉娜。你不可能什么也不会。"

汉娜："是的，你要知道你必须达到一定等级，比如四级或五级，如果你不擅长拼写和乘法表，你就达不到那些等级，你就什么也不是。"

戴安娜："我保证不会那样的。"

汉娜："会的，因为那是奥布莱恩太太说的。"（Reay and Wiliam，1999，p345）

上述引文来自一篇阐述通过评估建构身份的论文。显然,对汉娜而言,评估不仅仅在建构她作为学习者的身份,也在建构她作为一个人的身份。特法瑞奇课程也设定了一种关于人的观念,那就是儿童要像这样成长:

……作为有能力、有信心的学习者和交流者,头脑、身体和精神健康,有归属感、安全感,知道他们对社会做出了有价值的贡献。(New Zealand Ministry of Education,1996,p9)

我们将此解释为儿童无论在此时此地,还是在其他时间地点都是有能力、有信心的。我们不知道现在这一代孩子在未来会遇到什么环境和情境,而当下实施特法瑞奇课程的早期儿童机构中的评估工作资源被称为 Kei tua o te pae,英文中的意思是"超越地平线",就反映了这种不确定性(Carr et al,2004)。设想评估工作要和学习者的形象相一致看起来是理所当然的。在特法瑞奇课程中,评估被描述为一个"双向过程"(New Zealand Ministry of Education,1996),支持"学习环境应当让儿童能够在保证安全的范围内设定和追求他们自己的目标,并反思他们是否已经达成了目标"(p30)。评估工作要有助于儿童把自身看作有能力、有信心的学习者和交流者。

有关评估和动机的研究表明,那些儿童能够设定和评估他们自己的目标的环境是丰饶的学习环境。之所以如此,部分是因为那些对自己（和他人）的评估做出贡献的儿童，会被理解为有能力、有信心的学习者。将学习者参与意义创造和目标设定作为评估过程的一部分，这是有效教与学的核心要素。布莱克和威廉姆（Black and Wiliam，1998，pp54-55）在概括他们对形成性评价的文献检索结果时评论道："学生的自我评估不是一个好玩的选择或奢侈之举；必须把它看作非常重要的。"克莱克斯顿（Claxton，1995，p340）也建议，评估应当：

> ……反映那些目标没有事先予以清晰说明的情况，包括学习者正在发展他们对于怎么才算"干得好"的感受时经历的所有情境，其中包含了某种内在的满足感，这才是质量的试金石。

特法瑞奇课程文本中包含了一页向尤里·布朗芬布伦纳致谢的内容。根据布朗芬布伦纳的观点（Bronfenbrenner，1979，pp60，212），是处于成长过程中的人参与到"越来越复杂的活动和互惠活动的模式中"，通过逐渐在学习者和教师之间"转换权力平衡"（转向学习者一边）促进了学习和发展。这种权力平衡的转换反映的是向儿童以多种方式驾驭他们自己的课程，设定他们自己的目标，评估他们自己的成绩，并且为学习承担某些责任的能力和倾向的转变。传统上，教师和儿童或学生在评估过程中的权力平衡是单向的。教师撰写评估报告，做出解释，可能还要和其他教师和家长进行讨论，但儿童并不是其中一分子。

就如里纳尔迪在本书第二章中写到的,记录可以被看作可见的倾听。现在,新西兰的很多早期儿童机构都在想方设法把儿童的声音纳入对他们自己的学习的记录中,并且已经取得了两方面的进展。首先,评估已经被定义为"注意、识别和回应"(Cowie and Carr,2004)。"注意和识别"包括了倾听儿童的声音,而"回应"则是一个超越了倾听的过程。这里的注意、识别和回应通常是非正式的,教师可能会注意到一条评论,识别出这和学习兴趣之间有联系。早前引用的佩利有关特蕾莎和威廉姆对话的评论就属于这种情况,"这是一段可圈可点的对话……这个问题会再次出现,现在想法已经出来了,激发了新的对话"。教师会以许多种方式进行回应,有时候他们会记录下某个故事。

另外,新西兰在评价工作方面已经在探索用叙事方法评估儿童的学习的方式:学习故事(Carr,2001a; Hatherly and Sands,2002)。就如里纳尔迪在第二章、克拉克在第三章中所描述的,这当中跨越了许多边界。教师即研究者,评估即研究,而我们也从叙事本位研究中吸收了许多想法。

学习故事

到 1998 年,凡接受政府资助的早期儿童中心(几乎所有中心)都要求进行评估,特法瑞奇课程的主线和原则既是评估框架,也是课程框架。评估要求是整体的、"赋权的"、与家庭和社区联系的,并置于(与人、环境和事物)互惠和回应的关系中进行。通过和教师共同开展研究,研究者开发了一种被称作学习故事的方法,这种叙事本位的评估和记录学习的方法现在正在许多早期儿童机构中进行试验和调整。

学习故事质疑了大量特法瑞奇课程发布前，20世纪80年代的早期儿童教师们持有的假设，诸如目标、收获的结果、干预的重点、有效性、进步、对于实践者的价值，还有"正确的"程序（Carr，2001a）。我们大多数人都很少对学习进行记录，可能偶尔会用一下"入学准备"检核表；因此，和雷焦·艾米利亚（见第二章）不同，我们没有那么悠久的记录传统。

学习故事是一种记录日常互动的方法。大多数学习故事都包括一个学习片段、一段"简短评论"和一个"接下来做什么？"。在迪伦的评估档案中，建构积木人的学习片段就被写成了一个学习故事。故事中还包括一张（迪伦拍摄的）照片，和家长在与迪伦讨论之后写的"接下来做什么？"。在这种方法中，评估和作为参照点的有价值的知识和能力的观念，要求从多元视角予以审视。评估记录中包含了故事（能够被回顾）和照片（儿童能够解读）。法索利（Fasoli，2003）邀请儿童（和他们的家人）也参与进来："我正拿着数码相机，布兰特妮问我是否可以给她拍张照片，和海利一样的照片（一张她姐姐档案袋里的照片，拍摄于4年前），这样她就能把它放进她的文件夹里。布兰特妮摆好姿势，我拍了照片。"（老师的评论，Carr et al，2004）

以下摘录来自一位教师对于建立一个和特法瑞奇课程一致的、易管理的、有意义的评估框架过程的记录。

对于我们取得的进展，以及在和家长们分享他们的孩子的学习故事时，从他们那里得到的积极反馈，我们感到非常兴奋。我们渐渐发现，学习故事让我们能在更深的程度上了解儿童。我们看到，这一评估框架易于被所有家庭理解，特别是使用照片去解释儿童的学习过程。（Carr et al，2003，p198）

教师会用不同的方式撰写学习故事，把他们的评论给许多观众看。在有关拉克兰（Lachlan）和呼啦圈的学习故事（稍后讨论）中，教师的简短评论是写给他妈妈的，简短评论和"接下来做什么？"中的内容是针对儿童本人的。当教师写下迪伦建构的故事时（前面讨论过），她写道："谢谢你帮助我，迪伦。你记录下了你自己的学习。"

超越倾听：如果儿童在评估中贡献了他们的声音，结果可能会怎样？

达米安喜欢"读"他的档案袋。他是如此热切地在寻找他最喜欢的故事，以至于我不得不一个人躲起来，仔细、完整地读那些故事，这样才能保证我不会总是被达米安打断，让我和他一起看下一个故事。当我们一起看档案袋的时候，他会反复地翻动页面，直到找到他最喜欢的关于霸王龙和长颈龙的故事。他一有机会就会读出故事中关于霸王龙吃掉长颈龙的文字，并且说："那些都是我说的原话，妈妈，确实是我说的！"

达米安的老师罗宾补充道：

"达米安五周前离开去上学了。他的档案袋仍然是他最爱的书之一。"

儿童有权在对他们有影响的领域让人们听到他们的声音。联合国《儿童权利公约》中包括了这项儿童有权发表观点，而且儿童的观点有权得到倾听和尊重的权利（第12条）。"现在成人童年应当被看作社会和文化的一部分，而不是其前身的情况更加普遍了；而儿童应该已经被看作社会行动者，而不是正在成为社会行动者的过程之中。"（James and Prout，1997，p ix）如果我们想要更深入地了解儿童学习进行的情况，就要引入多元视角。有时家庭会为儿童代言，并反映社区的期望和知识。但儿童的视角也应是多元视角之一。克拉克和莫斯（Clark and Moss，2001）使用他们称为马赛克方法（在优势本位的框架下运用多种方法）的工具探索儿童对于他们的保育计划的看法（在本书第三章中有描述）。评估也可以这样做。

这也关乎早期儿童机构在本土背景中的社会公正问题。一份提交给新西兰社会政策委员会的文件中，概括了要建设一个更加公正的社会（特别提到毛利人的教育问题）需要考虑的根本改革，其中谈道：

毫无疑问，教师应当牢记在心的是，儿童首先需要为了他们的幸福获得相关的知识。对于那些希望塑造他们自己的生活的儿童,那些希望掌控他们自己的学习的儿童,教师必须帮助并赋权给他们,对此没有捷径可走。(Penetito,1988,p106)

此外,尊重儿童的观点还意味着他们的观点能够带来变化。我们认为,倾听儿童的观点,让这些观点成为评估的一部分的结果会在三个方面表现出来。它能给素养、连续性和社区带来变化(Cowie and Carr,2004)。下面是来自"超越地平线"(Kei tua o te pae)的一些例子,从这些例子中可以看出,倾听儿童对学习的这三个方面都发挥了作用。

素养

评估能够带来变化,让儿童把自己看作有能力的学习者。有许多作者评说过评估对于身份的影响(Gipps,2002),在上一部分,汉娜说的,"你就什么也不是",提供了一个例子。记住,在评估中纳入儿童的看法,并对儿童的看法加以回顾,是一种利用评估开展教学,促进学习的有效方式。一位家长在夏洛特的评估文件夹中做了如下评论:"夏洛特对她的文件夹感到非常自豪。她把它带回家,等她姐姐放学就迫不及待地向她姐姐展示,所有的家人周末也都来看。她想要和我们谈她的文件夹里的所有内容!!"

这种回顾的价值,及其对于里纳尔迪在第二章中称为内在倾听的作用,得到了尼尔森(Nelson,1996,1997a,1997b)的研究的支持,他主张"儿童从婴儿期起就有个人的情节记忆,但只有在社会分享的情况下，叙事组织那经久不衰的形式和所感受到的自我和他人的价值才会变得明显"（Nelson，1997a，p111）。本章作者之一（玛格丽特·卡尔）曾经用尼尔森的研究来解释一份在家记录的评估材料。快3岁的吉尔向妈妈口述了那天的活动，妈妈在家庭记录本上把它们写了下来（通常都是另外一种形式，即老师乔治把它们写下来给吉尔的家人看）。吉尔描述了有个大人"在生气"。卡尔的解释如下：

> 不容忽视的是，这种（在熟悉的环境中持有另一种观点）能力已经通过（回顾）记录本，回顾记录本身而发展起来了，记录常常不仅评论儿童的感受，也评论成人的感受（在一条记录中，乔治提到体育老师对于他们没能坚持下去感到"伤心"）。（Carr，2001b，p131）

照片，特别是数码照片，可以很快地加到评估记录之中，帮助人们对记录进行回顾：它们能够在学习事件发生当天就成为记录的一部分，儿童也能对它们进行"解读"。下面是拉克兰的档案袋中的一个学习故事（Carr et al，2004），其中就包含了照片。拉克兰正在指导他的老师写下他掌握的呼啦圈艺术方面的详细策略。

"把我的动作写下来。我不停地扭动，好让它一直转动。"

"当它慢下来的时候，我就必须再快点，明白吗？"

拉克兰向我演示了，他得动得多快才能让呼啦圈一直转。

"看到它在我屁股上了吗？当你开始动的时候它会变快。有时候当我快速移动身体的时候它会变慢，呼啦圈会掉下来。"

短评

拉克兰特别擅长使用呼啦圈，我能明白为什么你家里有一个呼啦圈，莫伊拉。让呼啦圈动起来需要很多技巧，我认为拉克兰肯定是幼儿园里的"呼啦圈之王"！

看看吧，拉克兰运动的时候引起了其他儿童多么大的兴趣啊！

照片8.3：转呼啦圈1 　　　　照片8.4：转呼啦圈2

有时，孩子们会拍摄他们自己的照片，记录他们自己的学习过程，就像在本章前面描述的迪伦建构活动的例子一样。而且，照片也是儿童能够用以记录和发展他们的兴趣的可视化语言（Clark and Moss, 2001; Fasoli, 2003; 也见本书第三章）。

4岁的杰森在对老师给他拍的照片中的影子"产生好奇"（教师语）之后，拍摄了下面的照片。老师把相机交给他，然后他拍了一组影子的照片：有他的影子、老师的影子，还有其他东西的影子。

照片 8.5：影子 1 　　　　　　照片 8.6：影子 2

照片 8.7：影子 3 　　　　　　照片 8.8：影子 4

然后杰森开始给其他儿童拍照片，他们对此很感兴趣。老师把这些情节解释成杰森在进行某些方面的学习：

> 杰森在上午班待的时间还不长，发现所有东西都让人不知所措。作为适应新环境的一部分，他已经在寻找可能会成为朋友的人。在相机后面，他不但能拍摄让他感兴趣的照片，而且还能接触在其他情况下他不会接触的人。

杰森可以把影子当作核心主题，对相机的使用做进一步探索。他已经用可视化的语言表达了他的兴趣。孩子们还经常以同样的方式使用图画。

倾听特别年幼的、不会使用口头语言或建构形象的儿童，需要解释他们的姿势、声音和面部表情。一位老师写了一个婴儿（大概8个月）的学习故事，她在探索木板上的两桶水，把她的手放进水里从一边划到另一边。她不小心把其中一个桶打翻了，然后很快把空桶扶正，当她无法在桶里或木板上找到水时（水已经很快从木板的缝隙漏掉了），老师描述道，她的脸上出现了"惊奇的表情"。她看了看桶的下面。然后她小心地把第二个桶的水倒掉，观察水去哪儿了。她显然在探索、尝试重复和理解倾倒和消失之间奇妙的联系。

对雷焦·艾米利亚的教师而言，当儿童群体尝试围绕令人惊奇的事件去理解、协商不同观点时，记录他们的讨论是通常采用的做法。新西兰的教师偶尔也这样做：这可能会用到录音和转录，与儿童或教师进行长时间的讨论。然而，很少或几乎没有"非接触"的时间，成人-儿童比例低，这些都降低了这种做法的使用频率。布朗芬布伦纳的模型很好地揭示了资助和政策对可见的倾听（在学校也是如此）的能力的影响。作为回应，很多教师正在拍摄集体协商和学习的视频，并将此作为儿童的记录的组成部分，有时还刻成CD。这些材料可以被家人、教师和儿童回顾、讨论，但不会被写下来。这方面的记录就如同当下所有的评估工作一样，正在取得进展。

连续性

有关儿童学习的档案袋、文件或故事书，为儿童随时间推移回顾、评论他们的学习提供了可用的载体。下面是一个例子，爱丽丝在其中回顾了她的文件,并且评论了她在书写她的名字方面的进步。而教师则写下来说明。

  这是爱丽丝和我正在浏览她的档案袋。"我认识那些字。"爱丽丝一直对我说。我们看着档案袋的每一页。"在娃娃家,我喜欢和我的朋友芬恩和泰勒玩。"爱丽丝一边用手指着那行字一边说。

  下一页上是件旧事,当时爱丽丝正在开始写她的名字。"现在我会写了。我已经长大了,我知道怎么写。"

  下一页是爱丽丝正在玩"小狗,小狗,谁有骨头"。爱丽丝看到这幅图就开始唱起那首歌。

  我们现在看完了,爱丽丝转向我并对我说"我还需要一些我的照片,可以吗?"。可以,我同意,爱丽丝。

照片 8.9:阅读中的爱丽丝

在另一个例子中,埃莉克斯回顾了她的评估文件夹中的一条记录，注意到有张搭建的照片是在搭建作品完成之前拍的。她重新搭建了那个作品，新拍了一张照片替换了原来那张。

社区

开发学习评估档案袋的目的之一是，这些记录可以和更广泛的家庭共同体，包括同胞兄弟姐妹和祖父母分享。这个过程是互利互惠的。在示范项目中，我们已经搜集了祖父母和同胞兄弟姐妹撰写并加入评估记录的故事案例。亨金（Hyoungjin）的姐姐写了一个学习故事放进他的档案袋中：

当亨金感觉烦或者没事可做的时候，他会玩我们给他买的高尔夫套件。里面有三支球杆，分别是蓝色、黄色和红色的。有一个袋子粘在边上，能放大概三个球。亨金把球放在他想放的地方，用他特有的方式手握高尔夫球杆。然后他非常用力地打球。如果他没打到，就再试一次。他击球如此用力，球飞得满屋都是。我们有时候会担心，因为他像是要打破玻璃。当有客人来的时候，他有时会向他们展示他是如何击球的。他们都很惊讶于他的击球是如此有力。他是一名很棒的小高尔夫球手。

这个例子与本章的相关之处在于，当把档案袋带回家时，那个会解释并给来自早期儿童中心的故事添加内容的是儿童。达米安和夏洛特的故事都是这方面的案例。

结论

我们在前面引用了赫舒休斯的观察,即当成人在真正倾听的时候,"他们的头脑不会去权衡、评价、判断或形成要主动提出的建议"。如果是这样的话,倾听和评估同时进行就是不可能的。本章介绍了一些关于评估怎样能为倾听提供条件,使得结合倾听与评估成为可能的想法。我们把评估定义为注意、识别和回应。那么赫舒休斯"权衡"的理念或许可以看作在把儿童视为有能力、有信心的一个形象的背景下去注意和解释;"评价和判断"或许可以看作参照教师对于儿童的了解和过去的情况来解释学习者的看法。本章中的例子已经说明了,回应或许不限于"形成要主动提出的建议"。用故事和照片记录这些片段,为儿童及其家人提供了机会,去促成、回顾、讨论和重新解释学习。在任何情况下,我们都会认为,仔细倾听儿童是帮助他们发展负责或克制、批判的倾向的核心要素,我们认为,这些对早期儿童机构、儿童和教师而言,都是值得追求的目标。

致谢

本章包含作者们为新西兰儿童教育部(New Zealand Childhood Ministry of Education)、早期学习与评估(Early Learning and Assessment,ECLA)示范项目所做的工作。作者们感谢新西兰教育部为该项目提供的资助。我们感谢参与 ECLA 示范项目的家长和教师允许我们使用他们的引言和故事。

参考文献

Black, P. and Wiliam, D. (1998) 'Assessment and classroom learning', *Assessment in Education*, vol 5, no 1, pp 7-74.

Bronfenbrenner, U. (1979) *The ecology of human development*, Cambridge, MA: Harvard University Press.

Carr, M. (2001a) 'A sociocultural approach to learning orientation in an early childhood setting', *Qualitative Studies in Education*, vol 14, no 4, pp 525-42.

Carr, M. (2001b) *Assessment in early childhood settings: Learning Stories*, London: Paul Chapman.

Carr, M. and May, H. (1994) 'Weaving patterns: developing national Early Childhood Curriculum guidelines in Aotearoa – New Zealand', *Australian Journal of Early Childhood*, vol 19, no 1, pp 25-33.

Carr, M., Jones, C. and Lee,W. (eds) (2004) *Kei tua o te pae: Assessment for learning, early childhood exemplars*, Wellington: Learning Media.

Carr, M., Hatherly, A., Jones, C. and Lee, W. (2005: forthcoming) 'Literacy: oral, visual and written', in Ministry of Education, *Kei tua o te pae: Assessment for learning, early childhood exemplars*, Wellington: Learning Media.

Carr, M., Hatherly, A., Lee, W. and Ramsey, K. (2003) '*Te Whāriki* and assessment: a case study of teacher change', in J. Nuttall (ed) *Weaving Te Whāriki*, Wellington, New Zealand: NZ CER, pp 187-214.

Clark, A. and Moss, P. (2001) *Listening to young children: The Mosaic approach*, London/York: National Children's Bureau for the Joseph Rowntree Foundation.

Claxton, G.L. (1995) 'What kind of learning does self-assessment drive? Developing a "nose" for quality: comments on Klenowski', *Assessment in Education*, vol 2, no 3, pp 339-43.

Claxton, G.L. and Carr, M. (2004) 'A framework for teaching learning: learning dispositions', *Early Years International Journal of Research and Development*, vol 24, no 1, pp 87-97.

Cowie, B. and Carr, M. (2004) 'The consequences of sociocultural assessment', in A. Anning, J. Cullen, and M. Fleer (eds) *Early childhood education: Society and culture*, London: Sage Publications, pp 95-106.

Duncan, J. (2004) '"She's always been, what I would think, a perfect day-care child": constructing the subjectivities of a New Zealand child', Paper presented to the 12th Reconceptualising Early Childhood Education Conference on Research, Theory and Practice: 'Troubling Identities', Oslo, May.

Fasoli, L. (2003) 'Reading photographs of young children: looking at practices', *Contemporary Issues in Early Childhood*, vol 4, no 1, pp 32-47.

Gipps, C. (2002) 'Sociocultural perspectives on assessment', in G. Wells and G. Claxton (eds) *Learning for life in the 21st century: Sociocultural perspectives on the future of education*, Oxford: Blackwell, pp 73-83.

Greeno, J.G., Collins, A.M. and Resnick, L.B. (1996) 'Cognition and learning', in D.C. Berliner and R.C. Calfee (eds) *Handbook of educational psychology*, New York, NY: Simon and Schuster, Macmillan and London: Prentice Hall, pp 15-46.

Hatherly, A. and Sands, L. (2002) 'So what is different about Learning Stories?', *The First Years: Nga Tau Tuatahi*, vol 4, no 1, pp 8-13.

Heshusius, L. (1995) 'Listening to children: "what could we possibly have in common?" from concerns with self to participatory consciousness', *Theory into Practice*, vol 34, no 2, pp 117-23.

James, A. and Prout, A. (1997) *Constructing and reconstructing childhood: Contemporary issues in the sociological study of childhood* (2nd edn), London: Falmer Press.

Luke, A. and Freebody, P. (1999) 'A map of possible practices: further notes on the four resources model', *Practically Primary*, vol 4, no 2, pp 5-8.

May, H. and Carr, M. (2000) 'National curriculum "empowering children to learn and grow": *Te Whāriki*, the New Zealand early childhood curriculum', in J. Hayden (ed) *Landscapes in early childhood education: cross-national perspectives on empowerment – A guide for the new millennium*, New York,

NY: Peter Lang, pp 153-70.

Mercer, N. (2001) 'Developing dialogues', in G. Wells and G. Claxton (eds) *Learning for life in the 21st century: Sociocultural perspectives on the future of education*, Oxford: Blackwell, pp 141-53.

Moss, P. and Petrie, P. (2002) *From children's services to children's spaces: Public policy, children and childhood*, London: RoutledgeFalmer.

Nelson, K. (1996) *Language in cognitive development: The emergence of the mediated mind*, Cambridge: Cambridge University Press.

Nelson, K. (1997a) 'Cognitive change as collaborative construction', in E. Amsel and K.A. Renninger (eds) *Change and development: Issues of theory, method and application*, Mahwah, NJ: Lawrence Erlbaum, pp 99-115.

Nelson, K. (1997b) 'Event representations then now and next', in P.W. van den Broek, P.J. Bauer and T. Bourg (eds) *Developmental spans in event comprehension and representation: Bridging fictional and actual events*, Mahwah, NJ: Lawrence Erlbaum, pp 1-26.

New Zealand Ministry of Education (1996) *Te Whāriki. Te Whāriki Mātauranga mō ngā Mokopuna o Aotearoa: Early childhood curriculum*, Wellington: Learning Media.

Nuttall, J. (ed) (2003) *Weaving Te Whāriki*, Wellington: New Zealand Council for Educational Research.

Paley, V.G. (1990) *The boy who would be a helicopter*, Cambridge, MA: Cambridge University Press.

Paley, V.G. (2004) *A child's work: The importance of fantasy play*, Chicago, IL and London: Chicago University Press.

Penetito, W. (1988) 'Maori education for a just society', *Social Perspectives: Report of the Royal Commission on Social Policy*, April Report Vol IV, Wellington: Royal Commission on Social Policy, pp 89-114.

Perkins, D.N. (1993) 'Person-plus: a distributed view of thinking and learning', in G. Salomon (ed) *Distributed cognitions: Psychological and educational considerations*, Cambridge: Cambridge University Press, pp 88-110.

Reay, D. and Wiliam, D. (1999) '"I'll be a nothing": structure, agency and the construction of identity through assessment', *British Educational Research Journal*, vol 25, no 3, pp 343-54.

Rogoff, B. (2003) *The cultural nature of human development*, Oxford: Oxford University Press.

Rose, N. (1999) *Powers of freedom: Reframing political thought*, Cambridge: Cambridge University Press.

Salomon, G. (ed) (1993) *Distributed cognitions: Psychological and educational considerations*, Cambridge: Cambridge University Press.

Sfard, A. (1998) 'On two metaphors for learning and the dangers of choosing just one', *Educational Researcher*, vol 27, no 2, pp 4-13.

9. 有能力的儿童与"做自己的权利"：对儿童即公民伙伴的反思

安妮·崔娜·克约尔特

在建立了世界上最广泛的早期儿童服务的同时，斯堪的纳维亚国家已经发展起有关童年和儿童权利的有力话语，儿童参与、儿童发声和倾听儿童工作在其中占据主导地位。本章从丹麦的一份名为《倾听儿童：儿童即公民伙伴》(Ried Larsen and Larsen, 1992)的报告谈起，针对斯堪的纳维亚的早期儿童中心日益广泛开展的此类工作的价值和假设基础进行批判性分析。本章特别检视了此类工作如何运用自由选择加持，把儿童构造成为一种特殊的主体、自主的主体，却损害其他的可能，例如强调关心、互赖和团结而把作为个体的儿童和更大的关系网络联系起来的关系视角。

本章让我们直面如下的可能：即便是诸如倾听儿童这样善意的行动也可能是危险的，不仅因为它们可能会变成更有效地治理儿童的手段，而且因为即使在明显中立的表面之下，也可能包含着本应接受批判研究和公共讨论的道德理念。

在安特希尔托儿所，没有成人会抱起学步儿，任由他们尖叫着、扭动着把他们抱到盥洗室,给他们换一块新尿布。这里的学步儿有权继续玩他们的游戏,直到他们自己决定想要换一块新尿布。(Ried Larsen and Larsen,1992,p31)

这是《倾听儿童:儿童即公民伙伴》一书中的文章《托儿所里的学步儿也有权利》开头的两句话。"儿童即公民伙伴"项目在20世纪90年代早期,由丹麦社会事务和文化部(Danish Ministries of Social Affairs and Culture)发起并提供资助。它是北欧国家以及其他许多国家的公共机构在20世纪90年代早期发起的诸多面向儿童青少年的参与式项目之一。就如这本书的题目所表明的,倾听儿童被视为对其公民身份予以认可的重要组成部分。

丹麦项目的目的是赋权儿童成为公民,提高他们影响其日常生活的能力。就如在挪威等地一样,强调倾听儿童的声音是把儿童建构为社会参与者的话语的一部分,这一话语在过去15年,无论在儿童政策,还是在儿童研究方面都非常繁荣(Kjørholt,2001,2004)。这一时期参与式项目数量的增加,应当放在国际上儿童作为社会行动者,拥有人权进而拥有特定的参与权(就如联合国《儿童权利公约》中所显示的)这一话语背景下看待。这些有关儿童作为公民的话语与"有能力的儿童"(Kjørholt,2001;Mortier,2002)概念密切相连,这常常表现为一场范式转换,替代儿童是脆弱的、依赖的及需要照顾的这种早期概念。

这些新的话语和各种参与式项目显然代表了儿童及青少年得到

倾听，影响不同领域的政策制定过程，以及以新的方式参与社会、政治和文化生活的新机会。但另一方面，把儿童建构为拥有社会参与权的主体的这种话语也不是毫无问题的。它们常常受到参与和儿童主体理念缺乏概念清晰性、模糊性的困扰。

在本章，我将呈现来自丹麦"儿童即公民伙伴"项目出版物的两个特殊文本。我的目的是通过讨论这些文本中呈现的儿童即公民伙伴的特定理念，来检视倾听的潜在危险。本章的一个重要人物是要表明，文本中呈现的倾听工作和把儿童建构为公民伙伴的理念是如何内含特定思想和道德价值的。我认为，在这些文本中，儿童主体的建构一方面和西方世界后现代社会总体上的个体化[1]过程，以及自主的、自我决定的主体建构有关；另一方面和20世纪90年代丹麦和挪威现行的"自由儿童"文化理念有关。我在这里要强调的是，我的意图是要讨论存在于儿童与参与的话语领域[2]，以及两份文本所代表的特定立场，而不是呈现对北欧早期儿童机构中此类话语和长期实践的完整分析。

理论上，我会联系查理斯·泰勒关于现代社会的个体主义和自我实现理论（Taylor，1978，1985，1991）。不过，我分析这些文本的

---

1 "个性化"的概念经常以不同方式使用，而未做进一步澄清。纳斯曼参考特纳（Turner，1986）的观点，区分了三种形式的个人主义：一是有关个人权利的政治信条；二是个人自主的表现；三是个性化过程，指的是把个人和社会形式联系起来的整合过程（Näsman，1994）。其中前两种形式和我此处的讨论尤为相关。
2 "话语领域"的概念指的是在话语的阐释和定位固定下来之前，对存在于话语中的意义所做的各种各样的可能解释。拉克劳和墨菲称之为"对话语中的意义进行部分固定"的过程（Torfing，1999）。

方法也和话语和身心治理的概念相连（Foucault，1991；Rose，1996；Neumann，2000；Hultqvist，2001）。

引言过后，我将用简短的篇幅讨论方法论问题，并概述两份文本。对文本的分析从我称为"做自己的权力"的阐述开始，接下来的部分讨论文本在话语领域的立场。然后，我将联系查理斯·泰勒关于消极自由、个体主义和自我实现的理论视角，以及自我决定作为新型治理术的视角继续讨论，由此对自主主体的概念提出质疑（Foucault，1991；Rose，1996；Hultqvist，2001）。最后，我以对日托中心正在涌现的实践和所描述的实践中似乎反映出的极端个人主义进行的批判性讨论来结束本章。

方法论问题

在我对这些文本的分析中，我使用了话语和叙述的概念。这里使用的"话语"这一术语是一种分析工具，用来探索儿童是怎样通过文本中特定的说话方式被设定为特殊类型的主体的。福柯把话语定义为"所有陈述的一般范畴，有时是一组个性化的陈述，有时是用以解释大量陈述的规范性实践"（Foucault，1972，p80）。这一界定导致了一种宽泛的文本观，原则上既涵盖诸如物理环境这样的物质要素，也包括社会实践。这一话语概念能够被用于解释某个特定的文本是如何在历史上的特定时间从文化上被建构起来的，它服务于某种目的，代表着某种具体的"真理政权"，它把某些假设看作不证自明的，并且界定了什么是能说能做的，什么是不能说不能做的

(Foucault, 1972; Kaarhus, 1992)。

将话语概念用作分析工具，打开了批判性地探索主体置身其中的政治话语，从而对其进行意识形态批评的可能。人类学家克里斯潘·肖尔和苏珊·赖特使用话语概念对政策领域进行了分析，根据他们的观点，话语是"为编织意识形态提供线索的理念基础"（Shore and Wright, 1997, p18）。受这一思想的启发，我把焦点放在识别文本中幼儿作为公民伙伴这一建构的特征，以及相关的理念和似乎理所当然的"真理范畴"上。

文本也会被解读为叙述。"叙述"的概念来自文学批评，也在人文社会科学中被用以理解人类生活和经验如何用叙述的结构加以组织，又怎样形成叙述。儿童的日常生活是由存在于特定时期、特定社会的各种有关童年的不同叙述构成的。政策能够被解读成现存政策辩护或者谴责现存政策，或者让新的政策愿景与实践合法化的叙述。玛格丽特·萨默斯使用"政治或公共叙述"的概念，指称"那些依附于比单一个人更大的文化和制度形式、交互主体的网络或机构相联系的叙述，那些无论是局部的还是宏大的，微观的还是宏观的故事"（Somers, 1994, p619）。

就如这段引用所强调的，文化叙述非常重要，因为它们被用作社会实践的参考框架。例如在早期儿童中心，参考框架就像真理范畴一样，常常是理所当然的。儿童和成人都置身于文化叙述当中，这些叙述向某些形式的行动和意义创造敞开大门，禁止另外一些形式的行动和意义创造（Davies, 1993）。叙述或故事线虽然是集体的，但会随着个体对它们加以解释,并发展自己的叙述的方式不同而变化(Søndergaard,1999)。换言之,文化叙述代表着主体如何叙述自身并"践行"不同立场的限制和可能(Søndergaard,1999)。通过把特定的政治或文化文本解读为叙述,文本中主要的表现形式和发展线索往往会更加明确可见。

我自己作为两份文本的解读者的立场,受到源于童年即社会建构的理论和方法论理解的影响,文化分析的路径则采用话语理论作为起点,并结合有关个体化和自我决定的哲学理论(Foucault,1972; Taylor,1985; Mills,1997; Lee,1998; Neumann,2000)。我还受到我作为一名实践者的立场的影响,因为我使用了我自己在挪威幼儿园当老师的早期经验。

"倾听儿童":介绍两篇精选文本

我选择的两篇文本来自文化部与"儿童即公民伙伴"项目有关的出版物。两篇文本的题目分别是《托儿所里的学步儿也有权利》和《游戏活动再多一点:无固定餐食和非强制活动》。作为文本来源的书是一份"倾听儿童:儿童即公民伙伴"项目的报告,其中包括了几篇短文(Ried Larsen and Larsen,1992)。这本书在形式上可谓非常流行,其目的是说服读者并让读者相信,在日托中心的决策中赋予儿童参与权是有价值的。该书的作者都是专业记者,丹麦文化部已将此书卖出6000—8000本,卖给各种各样的读者,包括早期儿童机构的实践工作者、地方政府、政策制定者等等。对这份报告的需求在20世纪90年代期间达到顶峰,直至最近几年对该报告仍有需求(与丹麦文化部的个人交流)。

这些文本因其采用的修辞形式而显得非常有意思,在有关儿童参与的话语中凸显了某些儿童、自由和自我实现的表征。文本中将儿童建构为积极的社会参与者和20世纪90年代挪威关于儿童和参与话语中的类似建构(例如,参见 Kjørholt,2001)之间的关系也同样明显。

文本一:托儿所里的学步儿也有权利

儿童在早期儿童机构中拥有被倾听的权利是该文本的核心。一个地方社区的两所早期儿童机构参与了"儿童即公民伙伴"项目。其中,乌格斯图恩·米若图恩(Vuggestuen Myretuen)是一所为3岁以下儿童开办的托儿所;博纳黑文·格兰托福顿(Børnehaven Grantoften)是一所为2—6岁儿童开办的幼儿园。两篇文本所出自的那本书的两位作者汉娜·里德·拉森和玛利亚·拉森(Ried Larsen and Larsen,1992)描述了这些中心的日常生活,以及作为项目一部分由工作人员实施的新实践。该文本的核心主题就是学步儿怎样借助这些新的实践被赋权,并从成人的控制下得以解放。

本章开头处那段学步儿有权决定自己何时换尿布的引文便选自这一文本。这一引用说明了,学步儿如何被建构成自主主体,在机构情境下有权就日常生活做出自己的决定。文本的修辞风格的目的是让读者相信新实践的价值,同时也反映了要探讨的主题。讨论的主题之一是家长对于机构中这些变化的态度。一些家长表现消极并持怀疑态度,问工作人员是不是孩子们要自己去决定所有事情。作为论证这些新实践的优越性的一部分,乌格斯图恩·米若图恩的工作人员被描述为在专题会议上成功地改变了家长的态度。对家长的消极态度的解释是因为他们缺乏相关的知识和信息,因此,作者们认为,只要告知家长们相关知识和信息,并且等他们习惯了这些变化后,他们的消极态度就会消失。

作者们继续描述,如果在要求了十次之后,学步儿还是拒绝换尿布,那么专业的照护者要怎么做:"为了避免他们(学步儿)太过分,我们可以和他们达成协议。在他们玩完游戏后就要换尿布。"

在乌格斯图恩·米若图恩的文本中,我们看到了学步儿正在被建构为一种特定类型的主体——权利主张者。以前未倾听儿童意见就给他们换新尿布的做法则成了成人施加给学步儿的一种强迫行为。把学步儿建构为拥有参与权的主体的新话语没有在这种实践中给成人留下任何空间,而在与此不同的照护和儿童发展话语中,成人采取行动则会被定义为无法避免的做法,或者是早期儿童机构中从事专业工作必须承担的照护责任。儿童的尿布中可以有便便的权利,只是在工作人员开始批判性地反思他们的规则,更多地倾听儿童后儿童获得的权利之一。

在开篇的引用中,我们看到儿童被建构为属于平等的"儿童共同体",这表明儿童之间的权力关系仿佛并不存在。这一点在文本中讨论的另一个主题,即学步儿解决他们自己的冲突的权利中也很明显。成人和儿童之间的冲突被看作成人控制的结果,对儿童在机构中自我实现的可能性构成了威胁。相反，儿童之间的冲突看起来并不会阻碍儿童个人自我决定的权利。下列引文强调了这一观点：

> 成人对于儿童说"不"的权利的尊重，使得儿童与成人之间的冲突减少。他们要去换新尿布的时候不再尖叫，他们要去穿雨衣的时候也不再尖叫……但儿童自身之间的冲突更多了，这也是他们获得的一种权利。早些时候，成人会更多地干预儿童的冲突。现在则允许儿童自己想办法解决冲突。（Ried Larsen and Larsen，1992，p31）

该机构的新文化实践导致儿童自身当中发生了更多冲突，这一事实现在也是可以接受的了，因为这为儿童践行另一种会影响他们日常生活的权利，即在没有成人干涉的情况下解决他们自己的冲突的权利提供了新可能。不过，文本在儿童设法解决这些冲突时会有怎样的不同，却完全未置一词。

《托儿所里的学步儿也有权利》一文的作者们还提出了以下问题：儿童在乌格斯图恩·米若图恩的日常生活中得到倾听并自己决定的权利有什么限制吗？从工作人员的视点看，答案是"必须有某种框架，否则学步儿会感觉不安全。但许多规则似乎只是为了规则本身而存在的。所有的规则都必须加以讨论"（Ried Larsen and Larsen，1992，p31）。这些规则中有关乎托儿所中的餐食和睡眠常规的：不允许学步儿自己决定他们在一天当中是否以及何时进食和睡觉。

文本二：游戏活动再多一点

不过，儿童决定何时进餐的权利是文本二的核心主题，它描述了博纳黑文·格兰托福顿的新实践和日常生活。这份文本的副标题描述了这篇短文的主题："无固定餐食和非强制活动"。和前一文本一样，该文本的主题是描述机构实践方式改变后儿童生活质量的提高。作为介绍的一部分，作者提到了工作人员说："两名学校儿童参加了日托中心（两天）活动，然后我们开始讨论我们的日常常规和实践。孩子们进行了观察，他们启发我们打破了许多习惯。"（Ried Larsen and Larsen，1992，p27）

给来自当地小学的两名学校儿童的任务是，发表他们对于幼儿自己做决定的能力的看法。根据学生的建议和他们自己的反思，工作人员以某种方式改变了他们的做法，支持儿童成为公民伙伴。诸如在特定时间所有人一起吃饭这样的常规，被看作一种成人强加给儿童的做法，因此予以废除。总的看法是，取消规则和成人决定时间表和活动的做法，对儿童而言意味着更好的生活。

根据"儿童即公民伙伴"项目的理念，儿童决定何时吃饭的能力看起来是自我决定权利的重要组成部分。我从文本中引用了下面一段话：

现在，儿童可以在他们感觉饿的时候再吃午饭……下午两点钟的餐后水果也取消了。儿童不需要停止游戏并坐在一起，边吃水果边听神话故事。水果会在下午两点钟准备好，但儿童自己决定他们什么时候吃。现在，工作人员只在某人过生日，或者一群孩子为每个人都准备了热饭的时候，才安排全班活动。换言之，只在需要全班一起的时候才安排全班活动。(Ried Larsen and Larsen，1992，p29)

就如在文本《托儿所里的学步儿也有权利》中一样，来自家长的反应也是文本二的一个主题。作者们报告说，工作人员提到了谣言，说儿童可以做任何他们想做的事，包括把蛇从家里带到中心。文本中的一段话在"世界不是自由创造的"副标题下，对此提出了下列看法。一名工作人员说："我们没有让整个世界都成为自由的。孩子们不许尖叫，不许在走廊上跑来跑去，也不许捣乱。教孩子们掌握日常礼仪是我们的责任。"(Ried Larsen and Larsen，1992，p28)。她继续说："远足、韵律和音乐活动以及一周一次的聚餐是格兰托福顿为数不多的几项强制活动。是否想要参加这些活动不是由孩子们自己决定的。成人们认为给孩子提供机构外的经验是他们的责任。"

文本的修辞风格没有为讨论或批判性论证提供空间。反对这类新实践的批评声音被解释为缺少信息导致的。上述引文也突出了文本中的某种模糊性和矛盾性。一方面，成人控制并代表儿童做决定成了必须取消的"恶行"；另一方面，工作人员实际上又在这些机构中做了许多有关时间和空间结构、规则和组织方面的决定。另一个矛盾涉及文本中的其他主题，即成人需要有特定的规范："当旧习惯被打破的时候，人们必须有所持守。"（Ried Larsen and Larsen，1992，p28）

一开始，工作人员根据新形势下的时间、空间和责任拟定了一份组织成人活动的表格。值得注意的是，对平日里的时间和空间进行某种组织是对儿童参与权的威胁，但又是在中心工作的成人们的需要。

关于儿童的公共叙述："做自己的权利"

我把这两份来自"儿童即公民伙伴"的文本解读为关于儿童的共同叙述，并称之为"做自己的权利"。如同在方法论部分已经说明的，"公共叙述""依附于比单一个人更大的文化和制度形式"（Somers，1994，p619）。这种公共叙述首先是一个关于儿童有权利自己做决定，实现自身与其他儿童"自由活动"的故事。在文本中，儿童的公民伙伴身份被建构为个体自由并做出他们决定的权利。对儿童个体而言，自由是和"自由选择"的理念联系在一起的，而自由选择是工作人员正在施行的新实践的核心价值。和拥有权力的成人相比，儿童属于弱势群体。来自成人这一拥有权力的群体的干预，代表着对儿童自由行事和自我决定能力的阻碍。

这两份文本中，从幼年起就把儿童视为主张权利的主体，其具体方式对我而言，就是在这种情况下如何把有关儿童权利的普世话语和话语背后的特定道德价值，特别是重视儿童做出个人选择的能力联系起来。在这种特别的叙述中，时间是一个结构性要素，把童年的故事划分为两个阶段：过去，其特点是父权制以一种消极的方式控制儿童的福祉；以及现在，它也指向人人平等（包括儿童）的未来愿景。正在实施的新实践被看作走向人人享有民主的过程中必不可少的一步。作者们持有的观点是，过去的做法必须被抛弃，因为它们是压迫儿童的，并且否定了他们的权利。因此，这一叙述也是关于发展平等民主社会的叙述，这种发展在政治上、意识形态上被看作中立的，里面包含了人们必须去适应的某些东西。

在这些文本中，幼儿置身于儿童属于按年龄建立的社会秩序内的某一同伴群体的话语中。这一群体被描述为有权做游戏而不被成人打断，即幼儿被建构为"游戏的主体"。因此，公民与个体选择和游戏权有关。儿童被认为是自主的，在某些方面和成人不同，但是与成人平等；他们被看作属于特定文化群体的人，他们的目的是玩游戏。而把儿童建构为脆弱的、需要成人照顾和保护的话语则遭到拒斥。

这些文本还阐明了早期儿童中心里有关儿童主体的两种对立话语之间的紧张关系和二元特点。这些叙述在丹麦早期儿童机构中引发了如下话语的流行：把成人视为专制的主体，他们迫使幼儿做出特定的表现，不尊重儿童自身的愿望和意愿。在儿童作为公民伙伴的话语中，教师给学步儿提供新尿布的日常做法被赋予的意义，不同于在另一种有关专业照护和儿童需要的话语下赋予同样做法的意义。在"做自己的权利"的叙述中，幼儿被建构为从小就是自主的、有能力的、理性的主体，不仅展现出自己做决定的能力，也展现出口头表达这些决定的能力。

聚餐：对儿童自我实现的威胁

公共叙述是一个有关公民和个体自由之间关系的故事。在我看来，这一叙述解释了这种儿童参与权话语领域中的特定立场，如何排除某些种类的意义创造和文化实践，同时又推动另一些种类的意义创造和文化实践。例如，所有人每周一次离开幼儿园去远足就受到高度评价，被看作所有儿童必须参加的活动，而在每天的特定时间组织所有人聚餐就被看作阻碍了儿童权利的实现。

这挑战了丹麦和挪威传统早期儿童教育和专业照护中的流行话语，在这些话语中，集体聚餐对所有人而言都是很重要的。这种集体聚餐的特点是时间经过精心安排，活动仪式化，肯定了一种特定的文化关系，并昭示每一个人都属于一个特定的儿童共同体。这些传统话语通过把进餐建构为一种文化实践，强调了一种家一般的温馨氛围（Korsvold，1998）。鲜花和蜡烛为儿童共同体创造了一种美学架构，文化价值在其中得以复制和创造。聚餐也可以被描述为既是社会交往、友谊、关心和幽默发生的中心场所，也是对归属于这一儿童共同体的肯定。参与聚餐即确定自身属于某一特定文化，具有重要的象征意义（Douglas，2002）。就餐被看作一种高度结构化、仪式化的行动，它显然也代表了融入周围文化中特定规范和价值的规训与社会化过程。

值得注意的是，正在机构中由工作人员实施的文化实践上的变革，主要是在权力话语，即儿童的普遍权利，特别是他们的参与权下提出的。在"做自己的权利"的公共叙述中，聚餐仅仅是一种成年人运用权力去控制儿童的方式。而聚餐的其他方面，例如我上面描述的那些方面，在叙述中则通通不见踪影。由成人安排的集体聚餐被看作和儿童自己选择的权利不相一致的。这种叙述把儿童主体特别建构为有权自己做出决定的个人，这给某些类型的行为和自由留下了空间，同时也对机构中其他可能的意义创造和社会实践形式，譬如聚餐关上了大门。正在实施的新实践可以解释为个性化过程的一部分，因为其取消了全班一起参与同一活动的某些形式的集体实践。

不过，公共叙述也传递出其他可能的儿童主体定位，以及推进"参与权"的其他形式。在来自"儿童即公民伙伴"项目的文本中，"有能力且有权利自己做决定的儿童"的提出，就好像工作人员只有一种做法能实现儿童的权利。在所选择的文本中，对"有能力的自主儿童"的特定建构处于支配地位，有效地排除掉了其他的主体立场。

这种叙述也凸显了儿童和成人分属两个不同且相对的群体的二元对立特点。成人和儿童之间的关系也只是从权力的角度去建立的，而且似乎把权力本身理解为由成人拥有和运用，但作为一种力量，在儿童当中很匮乏的个人财产。

两份文本在话语领域中的定位

就如在引言中所描述的,我现在要把来自《倾听儿童:儿童即公民伙伴》的两份文本放到丹麦和挪威早期儿童服务中的儿童即社会参与者的话语领域中加以审视。核心问题是,两份文本中儿童即公民伙伴的特殊建构,在话语领域中是否处于主导和支配地位,或者只是反映了边缘的立场。为了回答这一问题,我会参考近期专业和研究文献中对于儿童即早期儿童教育和保育领域的社会参与者的讨论。这一领域有着海量文献,我的目的并非要对所有文献进行全面回顾。因此,我选择了一些我发现的特别有意思的文本进行讨论。

在丹麦国家教育研究所(Danish National Institute for Educational Research)1998年出版的一本书中,作者们讨论了丹麦早期儿童中心的教学理论和实践。在该书名为"参与或反应性教学"(Hviid, 1998)的一章中,赫维德(Hviid)把在这些机构持续开展的实践描述为"你想要什么教学法",强调儿童的选择自由和"自由游戏"。这种教学法把儿童个体的视角当作起点,涉及"自由""愿望""自我决定""多样性"和"自由选择"等特定理念。赫维德认为,自我决定主要指的是个体"为自己做出决定"的能力,并且为个人选择提供尽可能多的可能性。这种理解在从为学步儿到为学龄儿童服务的各种机构中都非常流行。

出于种种原因,赫维德对这种做法持批评态度。她的观点之一是，这种教学方法过多地把儿童放在他们必须为自己的生活和发展承担责任的位置上。她认为，这当中的含义是，做出个人选择的权利也包含了要为所做的选择负责。她指出，这种鼓励个人主义的特殊做法是在20世纪90年代引入的，代表着20世纪70年代和80年代期间的教学实践发生了变化。在20世纪90年代末期的作品中，她总结，"丹麦的日托机构可能处在另一种教学法的起始阶段，这种教学更强调社会性和学习的方面"（Hviid，1998，p208）。

在话语领域，赫维德的观点证实了在我所讨论的文化背景下，丹麦儿童机构中自决和自由的表现无处不在。不过，她的观点在话语领域中也是一个批判的声音，因为这揭示了在21世纪开始时，对于儿童主体和个人主义的不同建构开始涌现。我所讨论的两份文本中特定儿童主体的支配地位由此受到了挑战。

我还发现了在挪威的话语领域中也实行着类似的自我决定和自由选择理念。在许多幼儿园和学龄儿童自由活动中心，一起吃饭的做法自20世纪90年代末期起就已经被取消了，其部分目的是给儿童更多的时间"自由游戏"，让儿童自己决定什么时候吃午餐（即使在一些机构中也是如此）。挪威学龄儿童自由活动中心网络的负责人报告说："我走遍全国开设课程，其中我想探讨的问题之一就是进餐。当我对着麦克风，热情地谈论和同伴一起在大树下自由进餐的时候，得到的却是来自观众中那些正值盛年的聪慧女性的冰冷表情。"（SFO，1999，p4）

因此，我们能看到，挪威正在以各种各样的方式强调把儿童视为机构中的社会参与者。但是在早期儿童中心，还没有像丹麦那样的、由国家发起的关于儿童作为公民伙伴的项目。不过，在挪威的某些地方，一些公立机构近来已经在幼儿园采用更为系统的方式，开展与"儿童参与权"有关的实践。

在挪威和丹麦，无论是为幼儿服务的机构，还是为学龄儿童服务的机构，现在都强调儿童有权选择活动，选择想和谁玩。当前对丹麦早期儿童机构的讨论，建立在"对于个体自主、社会整合以及福利社会、公民权的看法这些道德假设和评价基础上"（Gulløv，2001，p2）。对丹麦学龄儿童自由活动中心的研究表明，工作人员非常强调儿童做决定和管理自身的能力。苏珊妮·霍兰德提到丹麦某机构一名工作人员的故事，她正在那所机构做田野调查。孩子们正在一间特殊的房间里一起游戏，没有成人干扰，关上房间门后，她热情洋溢地说："在那个房间里，孩子们可以完全、彻底地做他们自己。"（Højlund，2000，p7）这段引文说明了在机构环境下，自由和自我实现的理念是和缺少成人的控制和干预联系在一起的。

这些关于"做自己"的文化理念也和人类学家玛丽安娜·古勒斯塔德对过去五六十年间挪威代际关系变化的分析相一致。在20世纪50年代，儿童要被培养成有用的人，而在当代挪威，儿童要被培养"成为他们自己"（Gullestad，1997）。不过就如普劳特（Prout，2000）指出的，当代关于儿童的不同话语之间——一方面是儿童作为自主的社会行动者，强调他们的自我实现的话语，另一方面是把儿童视为需要更多控制的存在的话语——有着某种张力。当代不同儿童话语之间的含糊不清表明成人和儿童之间出现了新的模糊的边界。

丹麦早期儿童中心关于儿童即公民伙伴的文本，构成了当代儿童权利及其社会地位话语的一部分。文本中关于儿童的思想、反思和推理方式影响了机构中正在开展的社会实践，也影响了代际秩序的构建。把儿童主体置于这两国早期儿童机构的儿童权利话语中，使得儿童的主体地位更为普及，也推动了早期儿童中心权威话语实践的转变（Shore and Wright，1997）。

消极自由、个人主义和自我实现

从这一背景出发，我得出结论，丹麦报告《倾听儿童：儿童即公民伙伴》中的两份文本，代表的并非儿童和参与话语领域的边缘立场。不过研究者还没有对两份选文中描述的实践在丹麦和挪威的儿童中心究竟在多大程度上得到推广进行实证性的记录。文本记录的是话语领域中的某种立场，而重要的是让其可见、可讨论。

一个重要的问题是，这种从一般性的儿童权利话语中产生的有关儿童即公民伙伴的公共文本，怎样才能证明其正确性呢？接下来我将参考哲学家查理斯·泰勒的理论来回答这一问题。对泰勒而言，个人主义是现代性的主要弊病。像许多其他当代哲学家和社会科学家一样，泰勒强调，个人主义能够表现为许多不同的形式，并假设它有几个不同的层面可以从不同的角度加以认识。在我的讨论中，我暂时把现代个人主义看作描述有西方社会特点的人的生活的道德话语。儿童和成人都处于这种特殊的话语中，它代表着构成主体的道德理念和价值，并影响着行动和思维的可能方式。在这些话语中能找到有关个人主义的特定故事线或叙述。泰勒认为"现代的自由和自主观念让我们成为我们自己的中心，真实性的理想要求我们发现并阐明我们自己的身份"（Taylor，1991，p81）。

泰勒关于现代西方社会个人主义的理论，在理解那些影响现代主体建构（既包括儿童也包括成人）的有力话语和故事方面是很有用的。在从前的时代和不同的社会秩序下，个人的生活很大程度上是由"命运"决定的，是通过占据特定位置，服务于按事物秩序或上帝意愿组织的共同体的利益来决定的。今天，新的道德立场主张，每个人都有权拥有自己的价值观，按照个人对何者重要的选择去发展自己的生活方式。泰勒进一步宣称"这种个人主义以自我为中心，与之相伴随的是排除，甚至根本意识不到超越自我的更大的问题，包括宗教、政治、历史。结果是生活因此变得狭隘或单薄"（Taylor，1991，p14）。

这种以个体自我实现为中心的观念和成为"真正的自己"的道德理念联系在一起，而这种道德理念可以被描述成一种指向更好或"更高级"生活模式的真实性文化。那些诚实面对构成他们自身的"内在的声音"的主体能够达到更高级的生活模式。为了正确行动，人们必须倾听自己的天性，感受"深刻内在"的自我。而泰勒则对如下事实持批判态度，即没有把主体主义和当代真实性文化作为道德理想予以公开讨论，而只是从"生产模式，或青年消费新模式，抑或财富安全方面的近期变化"角度加以解释（Taylor，1991，p21）。

和当代真实性文化联系紧密的是卢梭的自由理念。泰勒认为，自由经常被定义为"自我决定的自由"，指的是个人自由，意味着个人独立于他人，免受外部影响。这一自由概念和消极自由有联系。消极自由理论和个人选择、自由即做想做之事的理念相联系，而另一种积极自由的传统则强调主体控制并塑造自己生活的实际能力（Taylor，1985）。

尽管儿童不是泰勒理论的核心，但我发现他的观点与现代西方社会中对儿童即主体的讨论有很大关联。他宣称，在过去两个世纪，西方文化中的真实性理想已经"找到了人类生活中重要的潜能之一"（Taylor，1991，p74）。不过，他也认为批判地探索当代话语，揭示和自由即自我决定的自由理念联系在一起的真实性理想的消极方面也很重要。泰勒的观点是，和当代个人自我实现及真实性理想相联系的实践，必须和这些实践认同的道德理念与伦理结合起来加以定义和讨论（Taylor，1991）。

从这一视角出发，在早期儿童中心或其他机构实施儿童参与权需要持续进行批判性评价，这种评价针对的是下述两方面之间的动态关系：一方面是每一个儿童的表达、愿望和需要，另一方面是这些表达得以发展的特定道德和文化空间。我同意泰勒的观点，我们不能拒绝同现代社会人类主体建构相联系的自我实现和真实性理想。

在早期儿童中心内发展个性及自我实现，由此来成为积极参与者的能力，我认为非常重要。不过，个人的自我实现和成为日常生活中积极的社会参与者的权利，必须按照所建构的社会实践，以及这些实践构成所依赖的社会和道德空间的要求进行评价。人际关系，无论是代际关系，还是与年龄有关的关系，都是这些机构的社会和道德空间的一部分。

在我呈现的公共文本中，儿童的道德空间似乎把自我决定和消极自由当作最高价值。然而这是有问题的，原因则是多方面的。泰勒认为，"主体自身不能成为判断他是否自由这一问题的终极权威，因为他不能是判断他的愿望是否真实，它们是否会阻碍他实现目标这些问题的终极权威"（Taylor，1985，p216）。根据泰勒的观点，个体的自我实现总是和参与并归属于人类共同体紧密相连。而主体的个人自主总是与依赖性紧密交织在一起，因为它是在社会关系网中构建的（Lee，1998）。

人类共同体的价值观和道德标准构成了个人选择、价值和偏好的基础。不要把重点放在个人选择，把儿童从外部控制即成人权力中解放出来上，而应该把重点放在早期儿童中心的话语实践和社会实践上。最重要的是，要批判性地探索每一名儿童都有什么样的选择。这些选择可以和分析文化背景的复杂性联系起来进行评价，而正是这些文化背景构成了儿童即公民的社会空间。

"自由游戏"过程中全纳性和边缘化的社会过程也是这一空间的重要方面。每个儿童都能够选择加入不同的儿童群体并且建立亲密的友谊吗？在游戏中能得到各种各样的角色吗？还是说有些儿童一直处在边缘地位，例如在有关家庭生活的象征性游戏中扮演一只狗？个人的自我实现、自主和互相关心的关系有关联吗？在儿童所处的社会空间里，能获得什么样的主体性，开展什么样的社会实践？儿童的声音总是在以某些方式反映他们所处的道德和社会空间。因此，倾听儿童也就意味着批判性地检验机构中成人开展的社会实践。

早期儿童中心"儿童即公民伙伴"的话语必须和儿童即更大关系网中的个体联系起来，而这个更大的网络是由儿童和成人组成的。在任一机构里可能都会有一个由不同的关系、变动的关系构成的流动网络，持续的社会过程和社会实践为其带来了多样性。这些关系代表着不同的共同体，能让儿童接触到某些道德和文化价值及标准。全纳、排除及归属于这些朋友圈或共同体的程度如何，是理解儿童的表现和选择的核心问题。这些并不是"自由选择"，而是在每个儿童所处的特定社会和道德空间中做出的选择。

自我决定是一种新型的治理术：对自主性主体的质疑

早期儿童中心的儿童即公民伙伴理念也可以从另一个角度检验。本章前面分析的丹麦早期儿童中心有关公民资格的公共文本中，揭示了个人自由和权力是一种个人所有物，但福柯的身心治理概念质疑了这种理念。福柯认为，主体在话语中被定位和构成，"实践则系统地形成了他们所谈及的客体"（Foucault，1972，p49）。话语以特定方式"设计"主体这一事实表明，个体的自主和自由总是和特定的主体地位有关。从话语理论的视角出发，可以认为这些特殊形式的个人主义——根据泰勒的观点，它们可以让"最糟糕的主体主义"合法化——代表了现代西方社会主体臣服的"真理政权"。

福柯强调当今生活存在一个明显的矛盾，"我认为，在人类科学的历史上，甚至在古老的中国社会，都从来没有过如此难以捉摸的组合，*个体化*的技术和*总体化*的程序共存于同一政治结构中"（Foucault，1982，p213；斜体为引者所加）。无须再深入挖掘福柯的这篇短文，我们就能看到，引文中强调了把人类放到建立新型主体性的位置上，这种当代话语所具有的压迫性力量。在这一背景下，个人主义是一种必然，而非一个选择。

福柯认为，当代西方社会的治理实践令人不安（Gordon，1991）。他创造了身心治理的概念来描述个体被规训的方式，不是通过外部强迫，而是通过创造主体性和自律，这反过来又限制了选择。在现代社会，真理政权以特殊的方式"设计"主体（无论是成人还是儿童），创造了新型主体性，譬如自我决定的理性主体。这样一来，主体变回自己治理自己。就如福柯简洁有力地指出的，身心治理即"对行动的行动"。

新型主体性和经济、政治生活的变化，以及去中心性治理的发展有关。治理的自由原则强调自主和自律的主体。在福柯和罗斯理论的基础上，哈尔特奎斯特（Hultqvist）对瑞典早期儿童中心和小学的分析表明，自20世纪70年代以来，把儿童作为责任主体得到了越来越多的强调。

> （儿童）已经成为主体，要"保证"他们享有按照他们自己的意愿行动的某种自由。这种内在于童年工作的自由理念，是新型的去中心化治理理念的优点。自由既是这种去中心化治理形式的结果，也是其前提。（Hultqvist，1997，p409）

在他对瑞典学前教育历史的分析中，哈尔特奎斯特声称，当代学前教育话语中儿童主体的特殊建构，可以追溯到20世纪20年代至40年代之间的转折时期。那时，儿童被看作社会的重建者，是在未来创造更好社会的希望。为了建设一个更加人道的社会，让社会生活焕发生机，儿童必须实现他们的全部潜能。

> 内在于这一愿景的是让儿童自由的自由理念。儿童必须从旧有秩序的限制，例如成人社会的传统和规约中解放出来，以便能够实现他们的（也是人的）全部潜能。（Hultqvist，1997，p419）

这段引文也说明，当代北欧国家的儿童和自我实现理念，和我前面提到的消极自由概念是有联系的。根据哈尔特奎斯特所言，自由是一种治理儿童的原则。在此基础上，我们可以假设，当代和自由即消极自由理念相连的儿童即公民伙伴的话语，限制了儿童行动和思考的可能，而不是拓宽了他们对于自由和归属的各种可能的行动、思想、表达及情感感受的边界。人们可能会认为，在丹麦两所儿童中心，米若图恩和格兰托福顿，幼儿口头表达他们的愿望和选择，反映了机构背景下极端个人主义形式的话语。换言之，儿童是从他们在机构成人所建构的特定话语实践范围内所能获得的、有限的主体立场出发来选择和表达愿望的。这样一来，以这种方式把幼儿置于在早期儿童机构中自己做出决策的位置上，就可以被解释为现代社会新型身心治理的一个例子。

早期儿童中心即儿童的公民空间

我已经指出，意识到为儿童创设的，将他们视为两所丹麦儿童中心的文本中那样的公民伙伴，和有权"做自己"的有能力的个体的空间，实际上是一个意识形态和道德空间，反映了儿童是什么的特定理念。但是这些并没有在文本中予以公开讨论。同样，成人为实现儿童的参与权而创设的空间，对儿童的行动和意义创造而言却是相当有限的空间，这一事实也处于隐性状态。这一社会和"自由"空间的特殊建构中存在一些矛盾，因为在这些话语背景中，有许多方面的选择其实是对儿童的否定。

空间被设计成特定的建筑风格，里面特定的玩具和家具代表着作为一个孩子在机构中要如何行事的价值和规范。他们和同他们年龄相仿的儿童共处在这一有限的物质空间。把儿童放在这样一种和年龄联系起来的社会秩序中，明显给他们的选择施加了很多限制。

例如，他们不能选择参与代际关系，不能选择参与和学前儿童之外的年龄组群互动；他们不能参与工作，不能决定和他们的父母或哥哥姐姐一起参与活动；他们也不能选择到机构外面去。因此，重要的是要记住，那些话语要求工作人员倾听的儿童的声音，是在特定的社会和意识形态空间中产生的。还有其他的声音会在其他文化背景中出现。

我已经指出，早期儿童机构中有关儿童即公民的两份文本，可以看作对儿童即理性主体观念的描述。而这一理性主体要实现的终极道德价值是自我决定的自由和个人选择。新的实践赋权儿童自己做决定，免受外部（成人）控制，这显然和消极自由的理念相连。《游戏活动再多一点：无固定餐食和非强制活动》和《托儿所里的学步儿也有权利》两份文本中所描述的儿童形象和新型社会实践证实了泰勒的观点。从他的理论视角来看，重要的是要把儿童在这类机构中的社会参与放在更宽广的文化背景，像他设想的那样，放在包含个人选择和自由的道德空间中看待。这既适用于个体层面，也适用于群体层面。对每一个个体而言，选择具有不同的意义，根据不同的情境和个体持有的核心价值观，有些选择非常重要，而另一些就不那么重要。由汉娜·瓦明撰写的本书第四章也说明了这一点。

在《游戏活动再多一点：无固定餐食和非强制活动》中，儿童之间的冲突被看作促进儿童自己解决冲突这一新权利的机会。而机构中的工作人员的目标是避免成人和儿童的冲突，因为他们把这些冲突看作成人权力和控制的表现，而新的做法则是要在儿童中推行新的权利。这个例子清楚地表明，对儿童个体而言，自我决定在这里是高于一切的道德价值。解决冲突的方式既不加以区分，也不会根据任何形式的关于好坏的伦理标准加以评价。如果两名儿童卷入了彼此的冲突，他们将被迫自己找到解决冲突的办法，而儿童（就像成人一样）显然会选择各种各样的方式去解决这些冲突。有些儿童可能会成为赢家，而其他儿童可能会成为失败者。有些儿童可能会成为不公正的受害者，承受身处从属地位的痛苦，而这一切却被"儿童有权自己解决冲突"的话语合法化了。这种话语也意味着把对儿童自己的社会生活，以及就他们自己的事情做出道德的决定的责任留给了儿童。人们可能会问，这种做法是否代表着成人要从与儿童的关心关系中退出？

我认为，可以把泰勒对把自我决定、"自由选择"作为主导道德价值的批评和这个例子联系起来。根据公正的道德标准，有些冲突解决方式会比另一些更好。为了避免把儿童放在扭曲的个人主义立场上，有必要联系这些标准对不同冲突解决方式进行区别和反思，并且让这样的道德标准高于个体的自由选择。当不同群体的儿童像在早期儿童中心那样在一起时，对于谁的利益更重要的反思和评价必须反复进行。

把文本中描述的特定形式的个人自由看成一种治理儿童的方式，如此一来也是权力关系的内在组成部分，才有可能在所分析的文本呈现的权利话语之外反思机构背景下的儿童参与。因此，从福柯的视角出发，可以认为，通过把儿童置于将人类建构为自主、自决主体的话语当中，儿童被放到了以新的方式受压迫的位置上。主体被建构成有目的和"自由意志"的自己做出决定，并创造他们自己的"生活方式"的人。与这一儿童主体形象联系在一起的能动性则意味着，在特定背景下，主体几乎拥有绝对的力量可以影响和改变生活的环境。

这一观点也让我们有可能去质疑，语言和语言行为在把主体构建为社会参与者（就如在丹麦两所儿童中心的文本中所看到的）时扮演了何种角色。可以认为，诸如权利话语这样的有关人类的普遍理念，也可以和仅仅根据认知、语言能力把个人认定为权利主张者的特定人类理念联系在一起（Vetlesen，1996）。另一种观点则是不把权利和人的尊严同个人能力联系在一起，而是假设那些可能被冒犯、羞辱、易受各种伤害的个体都拥有权利（Vetlesen，1996）。这种观点的意义在于，提出了这样一种理念，即儿童是敏锐的、有感情的主体，他们以各种各样的方式表达他们的经验。我认为，这种观点对在像早期儿童中心这样的正式机构中讨论儿童被倾听的权利而言特别重要。

结论

本章的目标是将一般性的儿童权利话语和实践置于语境下加以讨论，这种话语和实践与近来在北欧国家流布甚广的儿童被倾听、成为积极参与者的权利联系在一起。丹麦早期儿童中心内有关儿童参与权的叙述，是现在西方社会一种特殊形式的个人主义的叙述，它把个人自主、自我实现作为超越一切的道德价值。自我实现的概念即个体有权做出自己的选择和决定；儿童的自我实现首先被看作能够在与年龄相关的社会秩序中实现的个人事务。如此一来，我称为"做自己的权利"的叙述也成了一种公共叙述，它把与年龄相关的社会秩序定义为道德理想，建构成一种平等的个人儿童主体之间的关系。游戏被看成属于"儿童共同体"的主体的核心活动，反映了在丹麦的背景下关于儿童是什么的特定的文化理念。

这种儿童和童年观念与挪威把儿童看作社会参与者和公民伙伴之间是一致的（Kjørholt，2001）。米若图恩儿童中心的学步儿，通过在机构日常生活中获得了"尿布里可以有便便"的新"权利"而成为"公民伙伴"（Ried Larsen and Larsen，1992，p31）。这个例子清楚表明了，需要以不同的方式挑战关于"儿童和参与"话语中的这种立场，将被视为理所当然的事实公之于众来动摇它，并且把直到现在还被排除在讨论之外的重要问题和观点"说出来"。

我还认为有必要用强调关系和团结的关系视角替代自主主体的理念，其根据是假设所有主体，无论是成人还是儿童，都在依赖和独立、胜任和不胜任之间转换、游移。儿童在早期儿童中心作为社会参与者或公民的观念，代表着对政策和研究，还有早期儿童教育和保育领域的重大挑战。儿童作为积极的社会参与者影响日常生活，实现自我的能力如今是更受青睐的目标。不过，个体的自我实现和参与权必须和儿童所处的复杂的道德和文化空间联系起来进行批判性探索。最核心的需要是了解儿童自己如何在这些机构中建构身份和共同体，探究他们如何把自己放在有关个性化和儿童即公民的当代话语中。

致谢

我衷心感谢伊娃·古尔、汉斯约格·霍尔、克里斯·詹克斯、凯伦·福格、奥尔维格和詹斯·考特拉普对本章早期版本提出的有价值的评论。

参考文献

Danmarks Pædagogiske Universitet (Danish National Institute for Educational Research) (1998) *Pedagogisk faglighed i dagistitusjoner (Pedagogy in day care centres)*, Copenhagen: Danmark's Paedagogiske Universitet.

Davies, B. (1993) *Shards of glass: Children reading and writing beyond gendered identities*, NSW, Australia: Allen & Unwin.

Douglas, M. (2002) *Purity and danger: An analysis of the concepts of pollution and taboo*, London: Routledge.

Foucault, M. (1972) *The archaeology of knowledge*, London: Routledge.

Foucault, M. (1982) 'The subject and power', in H.L. Dreyfus and P.

Rabinow (eds) *Michel Foucault: Beyond structuralism and hermeneutics*, Brighton: Harvester Press, pp 208-26.

Foucault, M. (1991) 'Governmentality', in G. Burchell, C. Gordon and P. Miller (eds) *The Foucault effect: Studies in governmentality*, Chicago, IL: University of Chicago Press, pp 87-104.

Gordon, C. (1991) 'Governmental rationality: an introduction', in G. Burchell, C. Gordon and P. Miller (eds) *The Foucault effect: Studies in governmentality*, Chicago, IL: University of Chicago Press, pp 1-51.

Gullestad, M. (1997) 'From being of use to being oneself: dilemmas of value transmission between the generations in Norway', in M. Gullestad and M. Segalen (eds) *Family and kinship in Europe*, London: Pinter, pp 202-18.

Gulløv, E. (2001) 'Placing children', Paper presented at the research seminar 'Children, Generation and Place: Cross-cultural Approaches to an Anthropology of Children', Network for Cross-Cultural Child Research, University of Copenhagen, 19-21 May.

Højlund, S. (2000) 'Childhood as a social space: positions of children in different institutional contexts', Paper presented at the conference 'From Development to Open-ended Processes of Change', Institute of Anthropology, University of Copenhagen, 6-7 April.

Hultqvist, K. (1997) 'Changing rationales for governing the child: a historical perspective on the emergence of the psychological child in the context of preschool – notes on a study in progress', *Childhood*, vol 4, no 4, pp 405-24.

Hultqvist, K. (2001) 'Bringing the gods and the angels back? A modern pedagogical saga about excess in moderation', in K. Hultqvist and G. Dahlberg (eds) *Governing the child in the new millennium*, London: Routledge, pp 143-71.

Hviid, P. (1998) 'Deltakelse eller reaktiv pædagogik' ('Participation or reactive pedagogy'), in U. Brinkkjær, I.M. Bruderop, V.R. Hansen, P. Hviid, J.C. Jørgensen, C. Palludan and S. Thyssen (eds) *Pedagogisk faglighed i dagistitusjoner* (*Pedagogy in day care centres*), Rapport 34, Copenhagen: Danmarks Pædagogiske Universitet, pp 207-26.

Kaarhus, R. (1992) 'Diskurs som analytisk begrep' ('Discourse as an analytical concept'), *Norsk Antropologisk Tidsskrift*, vol 3, no 2, pp 105-17.

Kjørholt, A.T. (2001) '"The participating child" – a vital pillar in this century?', *Nordisk Pedagogikk*, vol 21, no 2, pp 65-81.

Kjørholt, A.T. (2004) 'Childhood as a social and symbolic space: discussions on children as social participants in society', Doctoral thesis 152, Trondheim: Department of Education/Norwegian Centre for Child Research, Norwegian University of Science and Technology.

Korsvold, T. (1998) *For alle barn! Barnehagens framvekst i velferdsstaten* (*For all children! The progress of kindergarten in the welfare state*), Oslo: Abstrakt Forlag As, Utdanningsvitenskapelig Serie.

Lee, N. (1998) 'Towards an immature sociology', *Sociological Theory*, vol 46, no 3, pp 458-82.

Mills, S. (1997) *Discourse*, London: Routledge.

Mortier, F. (2002) 'The meaning of individualization for children's citizenship', in F. Mouritsen and J. Qvortrup (eds) *Childhood and children's culture*, Odense: University Press of Southern Denmark, pp 79-102.

Näsman, E. (1994) 'Individualization and institutionalization of childhood in today's Europe', in J. Qvortrup, M. Bardy and H. Wintersberger (eds) *Childhood matters: Social theory, practice and politics*, Aldershot: Avebury, pp 165-88.

Neumann, I. (2000) *Mening, materialitet, makt: En innføring i diskursanalyse* (*Meaning, power and materiality: An introduction to discourse analyses*), Oslo: Fagbokforlaget.

Prout, A. (2000) 'Children's participation: control and self-realisation in British late modernity', *Children and Society*, vol 14, no 4, pp 304-15.

Ried Larsen, H. and Larsen, M. (1992) *Lyt til børn: En bok om børn som medborgere* (*Listening to children: A book about children as fellow citizens*), Copenhagen: Det Tværministerielle Børneudvalg og Kulturministeriets Arbejdsgruppe om Børn og Kultur.

Rose, N. (1996) 'The death of the social? Re-figuring the territory of government', *Economy and Society*, vol 23, no 3, pp 327-56.

SFO (Skolefritidsordninger) (1999) *SFO-Nytt no 7*, Oslo: Norwegian

Ministry of Education.

Shore, C. and Wright, S. (1997) 'Policy: a new field of anthropology', in C. Shore and S. Wright (eds) *Anthropology of policy: Critical perspectives on governance and power*, London: Routledge, pp 3-42.

Somers, M. (1994) 'The narrative constitution of identity: a relational and network approach', *Theory and Society*, vol 23, no 6, pp 605-49.

Søndergaard, D.M. (1999) *Destabilising discourse analyses:Approaches to poststructuralist empirical* research, Working Paper 7, Køn i den akademiske organsisasjon, Copenhagen: København Universitet, Institutt for Statskundskab.

Taylor, C. (1978) *Sources of the self: The making of the modern identity*, Cambridge: Cambridge University Press.

Taylor, C. (1985) *Philosophy and the human sciences*, Philosophical Papers 2, Cambridge: Cambridge University Press.

Taylor, C. (1991) *The ethics of authenticity*, Cambridge, MA: Harvard University Press.

Torfing, J. (1999) *New theories of discourse: Laclau, Mouffe and Zizek*, Oxford: Blackwell.

Turner, B.S. (1986) 'Personhood and citizenship', *Theory, Culture and Society*, vol 3, no 1, pp 1-16.

Vetlesen, A.J. (1996) 'Om menneskers likeverd i spenningsfeltet mellom universalistiske og kommunitaristiske perspektiver' ('Equality among human beings in the intersection between universal and communitarian perspectives'), *Norsk Filosofisk Tidsskrift*, vol 31, no 1-2, pp 19-38.

10. 超越倾听：未来展望

安妮·崔娜·克约尔特、彼得·莫斯、艾莉森·克拉克在开篇那章，我们讨论了选择"超越倾听"作为本书书名的问题，反映了我们对于这一术语的某种矛盾心理。当我们到了本书结尾的时候，我们发现我们的矛盾心理更深了，并且开始考虑为什么倾听会变得如此主流。如今，倾听儿童经常被包含在权利话语当中，把儿童构建成有能力的社会行动者，有权得到倾听，有权就影响他们生活的事务发表意见（Kjørholt，2001，2004）。这些权利话语以英美的自由传统为基础，把人建构为法律主体，能够为自己代言，能够按自己的意愿行事。这种主体被建构为理性、自主的个人，能够有意识地构想自己的需要和愿望。在这些话语中，儿童"被认为拥有充分的自主和自我意识，能够做出权利主张"（Diduck，1999，p128）。

从我们的角度看，倾听和权利的这种关系是有问题的。原因很多。首先，它造成了两种相对或二分的儿童形象：要么是脆弱的、依赖的，要么是自主的、有能力的。在权利话语中，能力既作为法律概念来使用，又和心理上的理解能力有关，无论在法律上还是心理上，儿童缺乏能力的特点都经常被用来否定儿童拥有参与和得到倾听的权利（Flekkøy，1993；Mortier，2002）。如今有关倾听儿童的、以自由为基础的权利话语，催生出了童年的新愿景，用另一种"自主而无所不能的"、有权表达看法的儿童形象，代替"脆弱而依赖"的本质主义儿童形象，赋权给社会上最无权的群体（Kjørholt，2001，2004）。有关消费主义的新自由主义和市场导向话语也把幼儿建构为顾客和消费者，进一步强化了这种有能力的、自主的儿童形象。

在所谓新童年社会学对被称为儿童和童年的前社会学视角的批评中也能看到这种二分法，而这种前社会学视角是和某种发展范式紧密相连的。这些视角主要包括来自心理学、教育学和健康科学的研究者，其特点是把儿童建构为"形成中的人"，与成人或成熟的人相比是不完全的人，具有脆弱性、依赖性，并且需要照顾。而新童年研究者则用儿童即"存在着的人"代替了这种建构，所谓"存在着的人"即与成人同等的有能力的社会行动者（Qvortrup，1994）。

这种二分式的建构，要么把儿童看作自主的、有能力的，要么把儿童看作脆弱的、依赖的，其根源是在西方取向的、康德式的成熟观下人是什么的特定理念，而这种成熟观是和个体自主、理性思考密切联系在一起的（Kjørholt，2004）。这种观念没有看到另外一种可能性，即人的价值其实在于关心、互赖和相互需要（Diduck，1999）。结果是，准法律性质的自主、理性儿童主体话语反而把儿童置于一种新形式的、压迫性的主体地位。

要开创有关儿童的解放性话语，重要的是要避免把儿童放入主体性的二分框架中，即把儿童看作要么是依赖的，要么是独立的；要么是成熟的，要么是不成熟的；要么是脆弱的，要么是有能力的；要么是和成人平等的，要么是和成人不平等的。本书详细阐述的关系和倾听文化，代表着对这种二分架构的突破，它强调的是共同体和归属感，以及体现关系、联系和互赖的主体性，或者如李（Lee，1998）认为的，不断在与他人的关系中的依赖和独立之间的位置上移动。这种类型的主体性"和自由主义的公正理念很难相容，因为那种公正理念是建立在抽象的自主、独立，以及与其他主体和社会条件剥离的基础上的"（Diduck，1999，pp124–125）。

其次，权利话语容易排除具身的主体，进而排除具身的表达，而这种具身的表达对理解和认识作为人的儿童而言是至关重要的。这一点和早期儿童中心的学步儿及其他儿童关联特别密切。意识到儿童是通过"未说出的话"、极为复杂的身体活动和情感表达，在日常生活中建构他们的身份和社会实践的，这一点非常重要（例如，第八章中关于一名儿童的学习故事的叙述，表明的就是这一点）。有一些"需要，像是被爱的需要，接受情感支持的需要等等，很难在权利主张中表达"（Mortier，2002，p83）。而情感支持，以及和成人、其他儿童之间建立紧密的、关心的关系，对于让儿童在早期儿童中心的日常生活中成为积极的参与者是非常重要的（Kjørholt，2004）。

最后，基于权利的话语可能导致对于儿童和倾听持有过于简单的观念和明确的看法。能力会被定义为静态的、内在的和个体的特质。"儿童的声音"在本质上则是由个人和自主的主体所说的真实观点，没有关系、情感，因而也没有解释的因素卷入其中，仅仅是对观点、要求或选择的直接、无媒介且真实的表达和接受。

普遍的自由话语中也没有任何多样性的空间。"儿童的声音"话语，以及全球权利话语和新自由主义、市场导向的消费者话语日益增长的影响力和支配地位，都要求我们去批判地检视并探索与像倾听、参与这样的术语有关的地方背景和社会实践。我们必须对像前面各章提出的那些一样的，各种不同的倾听实践进行理论反思和批判讨论，目的是避免在有关"有能力的儿童"及诸如倾听、参与权、儿童的声音和儿童的视角等相关术语等这些当代话语日益增长的影响力问题上浮于表面。

超越伦理权利

普世性权利话语和关于人的特殊主义理念相连，这种理念单单依据认知和语言能力而把个体看作权利主张者。对普世性权利话语的批评让我们相信，在倾听幼儿（或者实际上也包括任何年龄的任何人）的时候需要超越这些话语。不过，重要的是要强调，超越权利话语不意味着拒绝这些话语。我们认为，把权利作为主要的倾听理念，其程度在不同的人和组织之间是各不相同的，有些会把它当作主要理念，对此我们予以尊重。我们指出了这种理念的问题，但并不是反对它。

我们认为，在改善儿童的生活，把儿童的社会地位从消极的依赖者转变为积极的主体和公民方面，权利有它的作用，而且有重要的作用。我们同意伯曼有关权利的实用观点，即"我们应该认识到，我们通过权利的路径进入个人主义话语，进而形成发展与教育上更为真实的人际间和主体间的方法，这是一种策略"（Burman，2001，pp14-15）。从这一观点来看，需要把权利看成在不同群体间展开协商的全球化社会中的政治进程的一部分；换言之，它是民主政治流程的一部分，而不是宣称可以置身于这一繁杂交流过程之外的真理主张。

权利话语还需要用有关人是什么，包括儿童是什么的更加细致入微的、人际间的观念予以补充。参与倾听这一社会过程的人，无论是儿童还是成人，都不只是拥有认知能力的理性存在，而且还是敏感的、有情感的、具身的存在。瓦莱丽·德里斯科尔和卡隆·拉奇在第六章中强调，儿童的情感幸福是财富公园儿童中心的倾听文化的重要组成部分。同样，卡琳娜·里纳尔迪在第二章中坚称，"倾听是一种情感"，它"包含解释"并且对把我们连接起来的模式具有敏感性（见本书37页）。

如果我们想要超越权利，避免把它作为单一的或主要的倾听理念，我们又该去向何方呢？前面各章可以说为我们开启了另一种倾听方式，它和更细致的儿童观，以及一种不同的理解世界，理解我们和世界的关系的范式相关，这对于理论和实践都有极大意义。这种倾听方式可以概括为：倾听即伦理。就如达尔伯格和莫斯（Dahlberg and Moss, 2005）讨论过的，可以把倾听理解为相遇伦理中的价值观，它所关注的是不能被掌控的他者，也拒绝把所有人变成相同的样子。这种相遇伦理或"倾听文化"通过鼓励儿童和其他儿童、成人一起积极参与、探索他们的环境而推动不同能力的发展。作为本书各章之基础的是这样一种假设：一个相互认可与倾听的关心共同体，对让儿童个体感觉到自己有能力、有个性，且归属于更大的人类共同体而言是至关重要的。

基于诸如相遇伦理这样的关系伦理的倾听方式具有更大的复杂性。它把儿童声音和视角理解为多层的、变化的和概念化的。"儿童的声音"不是真实的，而是从与他人形成的错综复杂的关系网上的特定位置发出的。能力也不再被看作生来就有的本质性、一般性或"自然的"特点，而是一个动态的概念，指的是具体的、差异化形式的实践和技能。在一个特定领域中，个人的能力和技能水平有着很大的变化。不同的能力就像身份一样，依靠个体和社会经验的丰富，以及具体情境中具体实践的精进会持续不断地变化和发展（Kjørholt，2004）；"儿童和成人在能力和成熟上可能是交替变换的，时而是有能力的，时而是无能力的，时而是成熟的，时而是不成熟的"（Lee，1998，p474）。按照这样的理解，认定儿童和青少年具有某种本质性的能力，对把他们看作和成人一样，拥有多样性、差异性的技能和能力的人而言可能是一种障碍。在这个意义上，能力具有动态性、关系性，它通过在与他人形成的复杂关系网中参与特定的社会实践，包括倾听文化而构筑。

如果倾听首先是一种向他人开放并尊重他人的伦理,那么我就必须质疑用理性的方式,特别是以言说为媒介表达观点和经验的那种倾听理念。(我们知道,联合国《儿童权利公约》的第13条就倡导运用多元的表达方式。)因而,关于"儿童的声音"和倾听哲学的根本问题就可以表述如下:无论是儿童还是成人,人类究竟以何种方式,并且能够在什么程度上表达他们的经验?或者用另一种说法:人的经验和意义能够通过语言解释加以捕捉吗?如果能,用哪一种或哪几种语言呢?

这些问题在研究中也是些根本问题。研究者范梅南在讨论质性研究的方法论问题时指出,"意义是多维的、多层的。而语言是一种认知工具……在现象学研究中,我们试图做的是,通过一种严格看来是非认知性的语言来引发理解"(van Manen,2001,p xviii)。这段引文强调了,需要意识到口头语言在产生有关社会生活知识方面的局限性。我们怎样用语言捕捉我们的经验,语言和经验的关系是什么,通过提出这些问题,范梅南进一步指出:

> ……经验总是比任何描述都更加直接、更加神秘、更加复杂、更加模棱两可。人文科学的研究者是学者兼作家,他们必须能够保持一种几乎不合理的信念,即语言拥有一种力量,能够让那些看起来总是超越语言的东西变得可以理解、明白易懂。(van Manen,2001,p xviii)

尽管说的是研究，但是这一观点也非常适用于一般意义上倾听人的哲学，以及特殊意义上倾听幼儿的哲学。它说明了实践者和研究者在倾听和解释的过程中，以及在处理和社会互动过程的不同方面的关系中所面对的一些巨大挑战。

把倾听哲学理解为"相遇伦理"，意味着有广泛的倾听方式，其广泛程度远远超过了仅仅局限于认知能力和口头语言的人类经验的范围。汉娜·瓦明在第四章中讨论的参与式观察，作为一种倾听和解释儿童的经验、视角的方法，清楚表明了人的经验和视角是如何扎根于并通过他们参与的社会实践而表达的。而诸如早期儿童中心这样的同伴文化背景中的儿童研究，则强调了通过运用人类学方法，并聚焦儿童的能动性来从他们的视角研究儿童的重要性（Åm，1989；James，1993；Strandell，1994；Gulløv，1999；Nilsen，2000；Corsaro，2003）。

观察和参与儿童在早期儿童中心的日常生活，是深入理解此类机构中"未说出的话"和不同意义创造过程的复杂性的有价值的工具。这也为情感和具身经验的解释敞开了大门，而这些经验并不一定能为个体的心智所意识到。马拉古奇关于儿童有一百种语言的理论，本书许多章节都做了参考，它强调需要倾听以各种各样不同的方式表达的儿童经验，其范围远远超过了仅用口头语言表达的那些经验（马拉古奇的如下看法，即由于成人的忽视，儿童失去了这些语言中的大多数，进一步强调了这一观点）。就如卡琳娜·里纳尔迪在第二章中强调的,在早期儿童中心倾听幼儿,也意味着要激发儿童以创造性和多样的方式表达他们的经验,和成人一起探索他们的想法和理论,尽力防止语言的丢失。她说倾听的行动总是情感性的——这是对开放、敏感地倾听和被倾听的隐喻,并且要调动所有感官,这种表述和对人的现象学理解有关。解释现象学既是描述性的,因为它试图以事物显现的样子捕捉事物,也是解释性的,因为未经解释的现象根本不存在(van Manen,2001)。

就如卡琳娜·里纳尔迪在第二章中详细阐明的,"倾听是时间",包括沉默和内在倾听,说明的是对自我和他人,包括对人是什么的终极开放。我们会呈现一个小故事,它来自作者曾经工作过的挪威幼儿园。这个小故事给出了一个例子,说明以对"未说出的话"和沉默保持敏感的方式倾听幼儿可能意味着什么:

一组18名年龄在3到5岁之间的、活泼好动的孩子正坐在地板上。今天集体活动的主题是"从谷物到面包"。从田地里搜集来的成熟谷物和用于研磨的两块石头已经放好备用。一袋面粉放在桌上,然后每个人都要做自己的面包。孩子们充满渴望地看着托恩(Tone),他是一个优秀的故事讲述者,有一种创造合适氛围的能力。罗尼(Ronny)是个例外,他是一个好动的4岁小男孩,既不能把注意力集中在收获的谷物上,也不能集中在有关从谷物到面包的过程的对话上。他折腾来折腾去,想要通过做鬼脸来吸引其他孩子的注意力。过了一会儿,他开始爬来爬去。终于,幼儿教师凯伦(Karen)出手干预了。她没有说"不",也没有责备罗尼,而是微笑着拉起罗尼的手,轻轻地走出房间,低声在他耳边说:"我想你和我需要去跑两圈。"凯伦"看到"了罗尼,她不用罗尼开口说就照顾到了他的需要。一个气喘吁吁、满头大汗的4岁男孩,胖乎乎的脸蛋配上红红的脸颊,沿着长长的走廊跑来跑去,还有一个同样满头大汗、脸颊红润的凯伦,比罗尼大50岁,脸蛋也胖乎乎的,两人的画面在我脑海中仍然生动鲜活。罗尼高兴得容光焕发,过了一会儿,他放松下来坐在凯伦膝上,在这次集体活动的剩余时间里听着"小红母鸡"的童话故事。

这一20世纪70年代早期儿童中心里的日常生活片段所揭示的儿童主体,和第九章中20世纪90年代早期儿童中心关于儿童即公民的丹麦文本中所呈现的儿童主体是不同的。带着关心和敏感,凯伦用她所有的感官倾听并解释了罗尼的身体活动和"未说出的话",为他提供了"一起奔跑"的愉快经历,我们可以说,这样做有助于在倾听文化中发展罗尼作为日托中心的一个有能力的社会参与者的自尊(Kjørholt, 2004)。

我们认为,倾听即伦理并不拒绝讨论有能力的儿童,而是认为有能力的儿童要大大超越第九章所描述的自我决定的、自主的儿童。这种理念认为,能力不是一种和独立有关的完成的状态,而是一种关联的能力,这一点在卡琳娜·里纳尔迪的下述讨论中可以看到:

我认为你们所有人，到目前为止都已经熟悉有能力的儿童的形象，我们在雷焦的教育经验就是以此为基础的。但是这种能力存在于何处？存在于与世界的联系当中。儿童不了解世界，但是他们拥有了解世界所需的所有工具，而且他们想要了解世界。在这种与世界的关系中，儿童渐渐认识了世界，也认识了他们自己。

我所谓有能力的儿童，说有能力是因为他有一个身体，一个知道如何说话和倾听的身体，一个给他身份的身体以及他用来识别事物的身体。这是一个配备了感官的身体，这些感官能够理解周围的环境。如果没有认识到并提高这个身体的认知潜能，身体就会面临越来越疏离认知过程的风险。身体和心智是不可分的。有一点越来越清楚了，心智和身体无法分离，而是形成了一个具有互惠能力的单一整体（Rinaldi, 2005, pp91-92）。

超越负责的儿童？

有关倾听和参与的权利本位话语提出了责任的问题。第九章中分析的关于丹麦幼儿园的文本让幼儿为他们自己的选择和日常生活负很大的责任。但是其他一些人之所以批评儿童在各种不同的社会背景中的社会参与，正是因为这让儿童负太多责任，得到的关心和保护却不够，儿童肩上承受了太重的负担（Nijnatten，1993）。有人进一步认为，成人对于创设环境以保证儿童过上高质量的生活，为儿童的参与提供条件负有全部责任（Mollenhauer，1986）。

还有人强调儿童做儿童的权利（Veerman，1992）。这种观点往往突出儿童主体相较于成人的差异。儿童主体的不同意味着他们是拥有游戏的权利和可能的主体，这和儿童是天真的、接近自然的观念联系在一起。另外，有观点认为，倾听儿童的声音，赋予他们作为公民伙伴的权利，都只是在把儿童整合进社会结构，增强他们在社会中的影响力和能动性，并教育他们成为未来的成年公民的手段（de Winter，1997）。

我们又一次不得不超越二分法的儿童形象，去找到一种就像下面由马丁·伍德海德提出的那样更加精致复杂的观点，这种观点对试图提出通用的、普世的儿童概念，而不考虑变化性和文化背景的发展心理学提出了批评（Woodhead，1999）。

用有能力的儿童形象代替需要照顾的儿童形象，并不必然导致对年幼者和年长者之间差异的忽视。我们无须把婴儿和洗澡水一起倒掉。区别在于，儿童的权利范式改变了儿童的地位，使之成为社会行动者。尊重儿童的能力，把他们当成享有权利的公民，并不会取消成人的责任，而是把新的责任交给成人共同体。它要求成人构建儿童的环境，引导他们的行为，使他们的社会参与能以和他们的理解、利益和交流方式一致的形

式进行,特别是在那些最为直接地影响他们的生活的议题上。(Woodhead,2000,p124)

我们认为,这一观点和本书作者们的观点是一致的。就如我们阅读不同章节的时候可以发现的,倾听儿童并不意味着成人责任的退场。相反,它以成人负责构建的倾听文化为条件,例如,这种倾听文化的构建可以通过成人关注关心关系、情感幸福,以及设计推动倾听和民主的空间(物理的、社会的、文化的、话语的)来进行。但是,这是不是意味着,印刻着相遇伦理的倾听文化会在儿童和成人之间形成不对等的关系?

就如在导言那章所概括的,相遇伦理和伊曼纽尔·列维纳斯同他者的关系哲学有关。对列维纳斯而言,主体性意味着责任。他认为"主体性的节点由走向他者构成,而不关心他如何走向我"(Levinas,1991,引自Vetlesen,1995,p36)。在自由和选择之前先要面对他者,以及对他们的责任。因此,与他者的关系是主体性的必要条件,是"我"和"你"之间移动的完成构成了主体性,而"你"是组成"我"的核心。列维纳斯认为,这种构成主体性的关系并非基于相互认可的对等关系。责任有赖于主体性,是"在面对(他者)的具体行动中对要解决的迫切问题的回应"(Levinas,1991,p39)。

在本书不同章节中讨论的,有关早期儿童服务中"倾听文化"的实践,其基本假设是一种对他人负有责任的道德义务。不过,因为这是列维纳斯哲学有关主体性构成的基本主张，因此我们会认为儿童主体在面对他者的具体行动中也面临同样迫切需要解决的问题。从这个角度看，成人和儿童的关系可以说是对等的，因为两者都同样要面对他者。这种观点甚至使把早期儿童服务机构建成"倾听文化"的空间显得更为合适了。

倾听的诸多可能

如果我们能够超越——但不是拒绝——权利本位的倾听话语，我们就能把倾听变成一个拥有诸多可能性的概念，它不仅适用于幼儿，也适用于年长的儿童和所有年龄段的成人。倾听就会成为道德的、民主的政治实践的重要组成部分，成为文化价值观的表达，成为一种关联方式，一种批判空间，一种全纳和参与的方式。例如，琳达·金妮在第七章中描述的，在斯特灵家长和政治家们也融入了参与过程，就开启了一种新的民主精神。

前面各章已经展现了倾听在使儿童能够参与决策制定（第三、七章），以及许多其他实践和活动时所扮演的角色，包括学习（第二章）、评估（第八章）、儿童中心和家庭的关系（第六章）、政策制定（第八章）、研究（第三、四、五章）。接下来我们想要添加一个例子：倾听是一种手段，它使得通过叙事塑造身份成为可能。

财富公园儿童中心（第六章）使用的档案书中的日常报告，可以看作有关儿童日常生活的小故事或叙事。这些文本为儿童、实践者和家长创造了可以一起或分别反复观看、反思不同叙事的可能性，帮助他们理解世界和人在世界中的位置。第五章导言里呈现的由6岁的汉斯创作的文本，也说明了儿童是如何以叙事的形式建构他们的身份的："我起初待在游戏场，然后进了一家儿童照护机构，现在我在幼儿园，之后我会上学，再之后就去工作，然后我不再工作了，我会整天无事可做，因为我老了。"这个小男孩展现出，他意识到了在整个生命历程的视角下看有哪些不同经验，并按历时的结构做了系统叙述。

在过去20年间，越来越强调把生活经验和社会生活看作叙事（Bruner，1987；Taylor，1978；Gudmundsdottir，1996；van Manen，2001）。后结构主义者把叙事和叙事性定义为我们用以理解社会世界的概念（Somers，1994；Søndergaard，1999）。哲学家查理斯·泰勒也宣称，持续的身份塑造过程或理解自身的过程采取的是叙事的形式。他这么说的意思是，为了理解我们的生活经验及我们在世界中的处境的复杂性，我们就要用叙事的形式捕捉我们的生活。他认为，"就像人们经常评论的那样，就像追求善一样，把生活理解成一个故事并不是可选择的额外内容；我们的生活也存在于这个问题空间中，只有连贯的叙事才能回答这些问题"（Taylor，1978，p47）。

泰勒在这里所说的叙事概念，指的是对能够被主体自身有意识地捕捉的经验的解释。就如我们已经看到的，儿童主体——也包括成人主体——是一个具身的主体。在本书不同章节中详细阐释的倾听文化，可以看作身份塑造过程的促进者。玛格丽特·卡尔和她的同事在第八章所参考的薇薇安·佩利的工作，给出了实践者在运用故事帮助儿童探索生活的意义时所扮演的角色的具体例子。通过讲述和倾听不同的叙事，倾听可以逐渐帮助人们提高对于在特定情境中做一个特殊的、具身的儿童究竟意味着什么的意识。情感和认知的经验因此都得到了认可和显现。

正如第五章所阐述的，现代社会中的儿童和成人正在通过面对复杂性、多样性，以及"理所当然的丧失"而建构他们自己的身份。布里特·约翰娜·艾德和妮娜·温格在第五章中说，"无论是在个人层面还是在集体层面，被倾听并被听到对儿童的自我反思过程和身份建构而言可能都是非常重要的"（见本书131页）。儿童是他们的童年的合作建构者，是在日常生活中，以及与成人和其他儿童建立关系时其身份建构的积极参与者（Dahlberg et al，1999）。他们是关心的主体，在情感上对他们自己的生活以及他人的生活质量的提高贡献力量。

艾莉森·克拉克在第三章中介绍的马赛克方法是一种有趣的工具，它可以推动儿童和其他儿童及成人一起，在早期儿童机构中建构自己的身份。儿童、实践者和家长运用各种各样的方法，参与和解释日常生活中的活动、现象及与"生活体验"有关的反思性实践。这种做法所要解决的最终也是身份问题：置身此地的意义是什么，或许更重要的是，在这里作为我的意义是什么？而第八章所描述的学习故事则代表了探索倾听即叙事的另一种可能。这种评估学习的叙事方式为家庭、社区和儿童自身的视角提供了空间，让他们可以参与执行倾听任务的实践者的工作。

倾听即叙事的概念重申了贯穿本书的主题，即倾听不限于书写或口述的文本。叙事可以具身地呈现和交流。可以把身体解读为叙事，通过身体活动进行交流。生活经验被具身化为主体能有意识地表达和反思的感受和知识。但就如罗尼的故事表明的，也有一些具身的经验、无意识的线索，无法用任何书写或口述的语言，抑或任何形式的有意识的、有目的的身体交流和意义创造方式来表达。因此，不论是对具身的主体自身从内容理解来说，还是对研究者、实践者尝试从外部予以理解而言，把身体解释为叙事是件非常复杂的事。

倾听与儿童空间的创造

我们采用批判的视角对倾听进行了探讨。我们认为无论是概念还是实践，倾听都是有争议的，可能存在问题、危机，也充满风险。我们已经表达了我们对于权利和消费者话语的关注，这些话语对如今倾听儿童的备受推崇做出了很大贡献。

不过当我们来到本书结尾的时候，我们确信倾听是非常重要的。倾听是一种伦理和政治概念，是关系和民主方面的一种价值观，它抵制各种规范性方法［Rose（1999）把它们描述成"针对人的技术"］，这些方法如今通过谋求把他人变成一样的人而日益对儿童（及成人）形成控制。当政府试图让幼儿发挥拯救作用时，早期儿童领域也充斥着这种技术。

但倾听也开启了与机构内新的实践、学习和评估，以及作为人类新的共同生活方式有关的一系列愿景和希望。如此一来，倾听也影响了我们如何去定义、构想为幼儿（或年长儿童）服务的机构，以及儿童和这些机构的关系。可以把它们看作儿童的空间，在这里，技术性实践从属于伦理性和政治性实践，儿童和其他儿童及成人组成共同体，一起度过他们的童年，用"一百种语言"，在与他人的关系中学习和探索他们的环境，在使他们能够和他人一起建构身份、价值观和知识的社会环境中施展才能。在以这种方式理解的服务中，就如我们在本书开头指出的，可以把倾听理解为"一种教学和一种研究生活的方式，一种文化或伦理，一种连续的过程和关系"（见本书 22 页）。

参考文献

Åm, E. (1989) *På jakt etter barneperspektivet* (*In search of the child perspective*), Oslo: Universitetsforlaget.

Bruner, J. (1987) 'Life as narrative', *Social Research*, vol 54, no 1, pp 11-33.

Burman, E. (2001) 'Beyond the baby and the bathwater: post dualistic developmental psychologies for diverse childhoods', *European Early Childhood Education Research Journal*, vol 9, no 1, pp 5-22.

Corsaro, W. (2003) *We're friends, right? Inside kids' culture*, Washington, DC: Joseph Henry.

Dahlberg, G. and Moss, P. (2005) *Ethics and politics in early childhood education*, London: RoutledgeFalmer.

Dahlberg, G., Moss, P. and Pence, A. (1999) *Beyond quality in early childhood education and care: Post modern perspectives*, London: Falmer Press.

de Winter, M. (1997) *Children as fellow citizens: Participation and commitment*, Oxford/ New York, NY: Radcliffe Medical Press.

Diduck, A. (1999) 'Justice and childhood: reflections on refashioned boundaries', in M. King (ed) *Moral agendas for children's welfare*, London: Routledge, pp 120- 38.

Flekkøy, M.G. (1993) *Children's rights: Reflections on and consequences of the use of developmental psychology in working for the interest of children. The Norwegian Ombudsman for Children: A practical experience*, Ghent: University of Ghent.

Gudmundsdottir, S. (1996) 'The teller, the tale and the one being told: the narrative nature of research interview', *Curriculum Inquiry*, vol 26, no 3, pp 239-306.

Gulløv, E. (1999) *Betydningsdannelse blant born* (*Meaning making processes among children*), Copenhagen: Gyldendal Socialpædagogiske Bibliotek.

James, A. (1993) *Childhood identities: Self and social relationships in the experience of the child*, Edinburgh: Edinburgh University Press.

Kjørholt, A.T. (2001) '"The participating child" – a vital pillar in this century?', *Nordisk Pedagogikk*, vol 21, no 2, pp 65-81.

Kjørholt, A.T. (2004) 'Childhood as a social and symbolic space: discourses on children as social participants in society', PhD thesis, Trondheim: Faculty of Social Sciences and Technology Management, Norwegian Centre for Child Research/Department of Education, NTNU.

Lee, N. (1998) 'Towards an immature sociology', *Sociological Theory*, vol 46, no 3, pp 458-82.

Levinas, E. (ed) (1991) *Totality and infinity*, Pittsburgh, PA: Duquesne University Press.

Mollenhauer, K. (1986) *Vergeten samenhang: Over cultuur en opvoeding (Forgotten context: About culture and upbringing)*, Meppel: Boom.

Mortier, F. (2002) 'The meaning of individualisation for children's citizenship', in F. Mouritsen and J. Qvortrup (eds) *Childhood and children's culture*, Odense: University Press of Southern Denmark, pp 79-102.

Nijnatten, C.H.C. (1993) *Kinderrechten in discussie (Children's rights – a discussion)*, Meppel: Boom.

Nilsen, R.D. (2000) 'Livet i barnehagen: en etnografisk studie av sosialiseringsprosessen' ('Life in kindergarten: an ethnographic study of the socialisation process'), PhD thesis, Trondheim: Faculty of Social Sciences and Technology Management, Norwegian Centre for Child Research/Department of Education, NTNU.

Qvortrup, J. (1994) 'Childhood matters: an introduction', in J. Qvortrup (ed) *Childhood matters: Social theory, practice and politics*, Aldershot: Avebury, pp 1-23.

Rinaldi, C. (2005) *In dialogue with Reggio Emilia*, London: RoutledgeFalmer.

Rose, N. (1999) *Powers of freedom: Reframing political thought*, Cambridge: Cambridge University Press.

Somers, M. (1994) 'The narrative constitution of identity: a relational and network approach', *Theory and Society*, vol 23, no 6, pp 605-49.

Søndergaard, D.M. (1999) *Destabilising discourse analyses: Approaches to poststructuralist empirical research*, Working Paper 7, Køn i den akademiske organsisasjon, Copenhagen: København Universitet, Institutt for Statskundskab.

Strandell, H. (1994) *Sociala mötesplatser för barn* (*Social meeting places for children*), Helsinki: Gaudeamus.

Taylor, C. (1978) *Sources of the self:The making of the modern identity*, Cambridge: Cambridge University Press.

van Manen, M. (2001) *Researching lived experience: Human science for an action sensitive pedagogy*, London, Ontario, Canada: Althouse

Press.

Veerman, P.E. (1992) *The rights of the child and the changing image of childhood*, Dordrecht: Martinus Nijhoff Publishers.

Vetlesen, A.J. (1995) 'Levinas – en ny etikk' ('Levinas – a new ethics'), in H. Kolstad, H. Bjørnstad and A. Aarnes (eds) *I sporet av det uendelige* (*In the step of infinity*), Oslo: Aschehoug og Co.

Woodhead, M. (1999) 'Reconstructing developmental psychology: some first steps', *Children and Society*, vol 13, no 1, pp 3-19.

Woodhead, M. (2000) 'Children's rights and children's development: rethinking the paradigm', *Ghent Papers on Children's Rights*, no 6, Ghent: Children's Rights Centre.

Beyond Listening: Children's Perspectives on Early Childhood Services
© Alison Clark, Anne Trine Kjørholt and Peter Moss 2005
Reprinted 2008, 2010
First published in Great Britain in October 2005 by Policy Press, an imprint of Bristol University Press
The simplified Chinese translation rights arranged through Rightol Media（本书中文简体版权经由锐拓传媒取得 Email: copyright@rightol.com）

© 中南博集天卷文化传媒有限公司。本书版权受法律保护。未经权利人许可，任何人不得以任何方式使用本书包括正文、插图、封面、版式等任何部分内容，违者将受到法律制裁。

著作权合同登记号：字 18-2025-134

图书在版编目（CIP）数据

超越倾听：解码早期教育中的幼儿心声 /（英）艾莉森·克拉克,（挪）安妮·崔娜·克约尔特,（英）彼得·莫斯主编；刘宇译. -- 长沙：湖南文艺出版社，2025.9. --ISBN 978-7-5726-2484-1

Ⅰ. G612

中国国家版本馆 CIP 数据核字第 2025541GJ6 号

上架建议：幼儿·学前教育

CHAOYUE QINGTING: JIEMA ZAOQI JIAOYU ZHONG DE YOU'ER XINSHENG
超越倾听：解码早期教育中的幼儿心声

主　　编：	［英］艾莉森·克拉克　［挪］安妮·崔娜·克约尔特　［英］彼得·莫斯
译　　者：	刘　宇
出 版 人：	陈新文
责任编辑：	张子霏
出 品 方：	好读文化
出 品 人：	姚常伟
监　　制：	毛闽峰
策划编辑：	程　斌
特约策划：	颜若寒
文案编辑：	赵志华
营销编辑：	刘　珣
封面设计：	末末美书
版式设计：	鸣阅空间
出　　版：	湖南文艺出版社
	（长沙市雨花区东二环一段 508 号　邮编：410014）
网　　址：	www.hnwy.net
印　　刷：	北京美图印务有限公司
经　　销：	新华书店
开　　本：	880 mm×1230 mm　1/32
字　　数：	232 千字
印　　张：	10.5
版　　次：	2025 年 9 月第 1 版
印　　次：	2025 年 9 月第 1 次印刷
书　　号：	ISBN 978-7-5726-2484-1
定　　价：	58.00 元

若有质量问题，请致电质量监督电话：010-59096394
团购电话：010-59320018